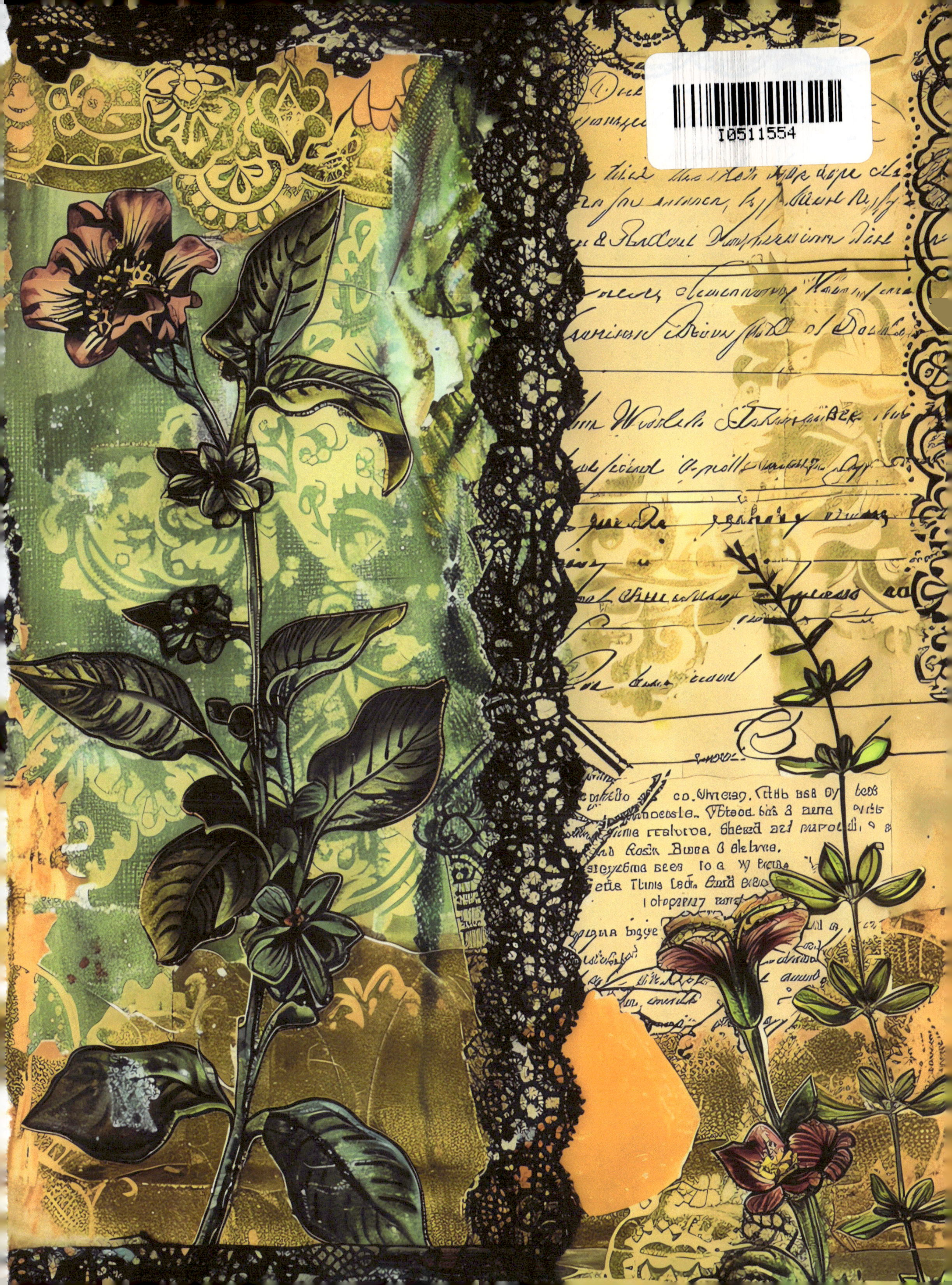

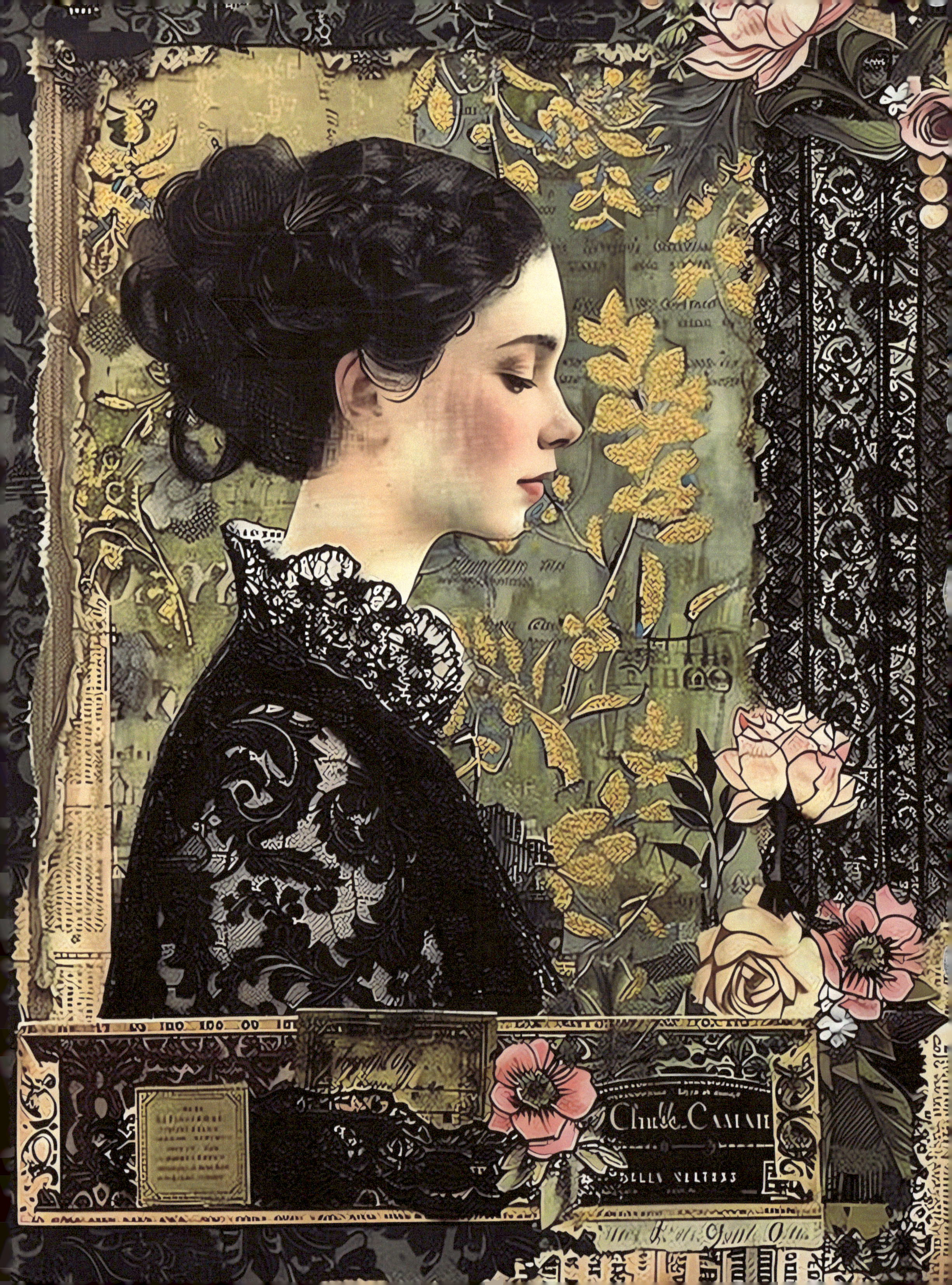

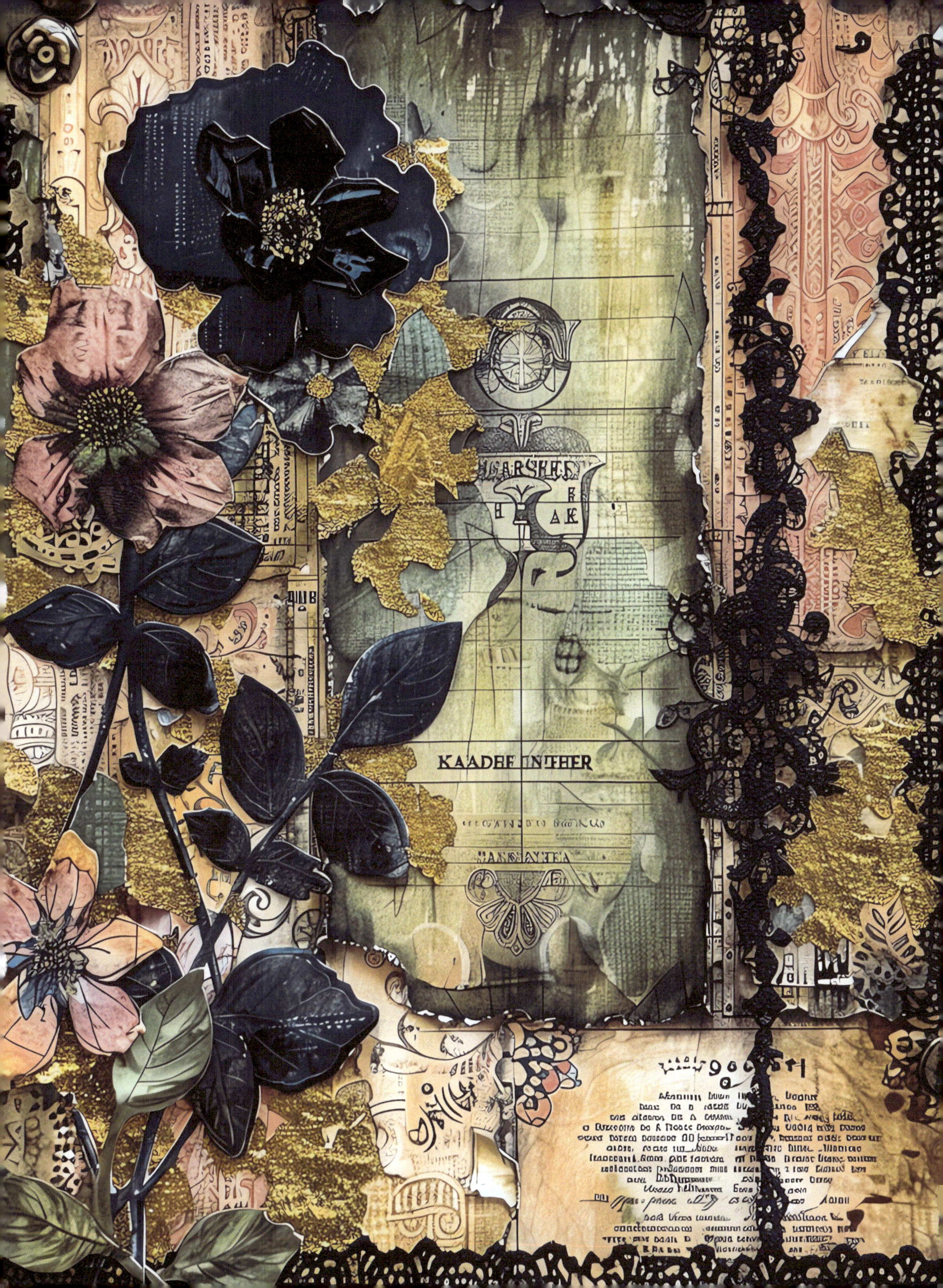
KAADEE INTHER

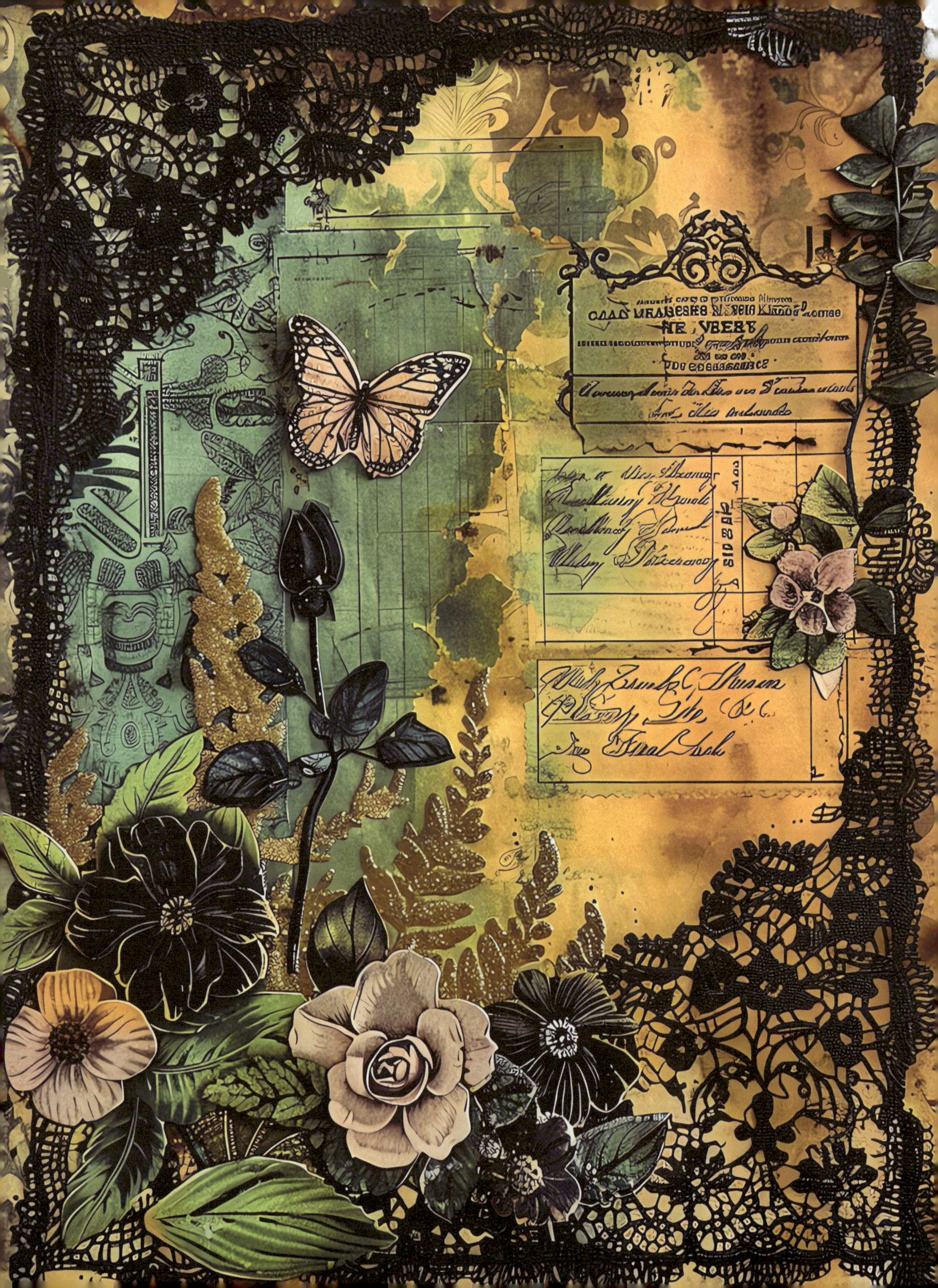

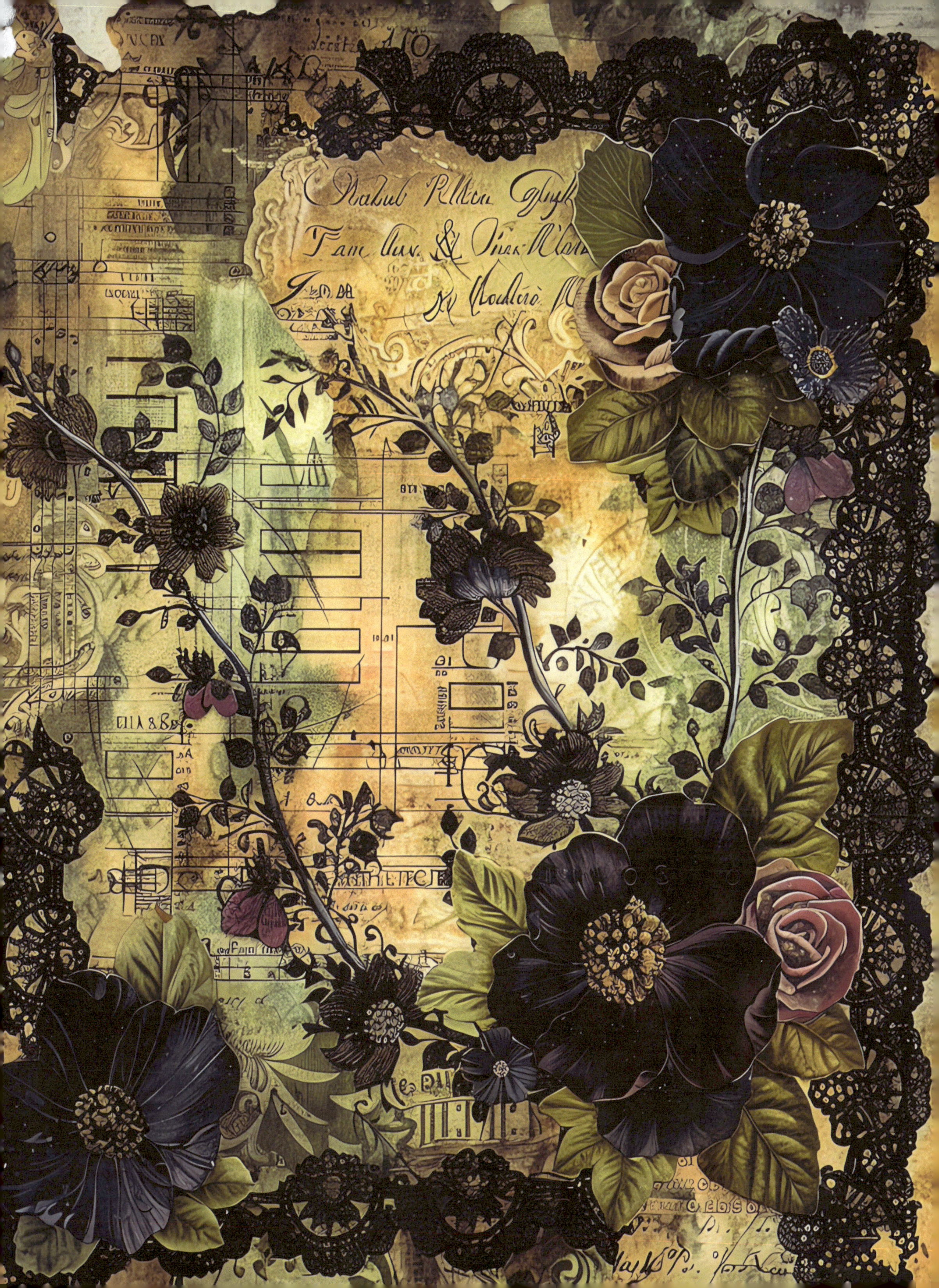

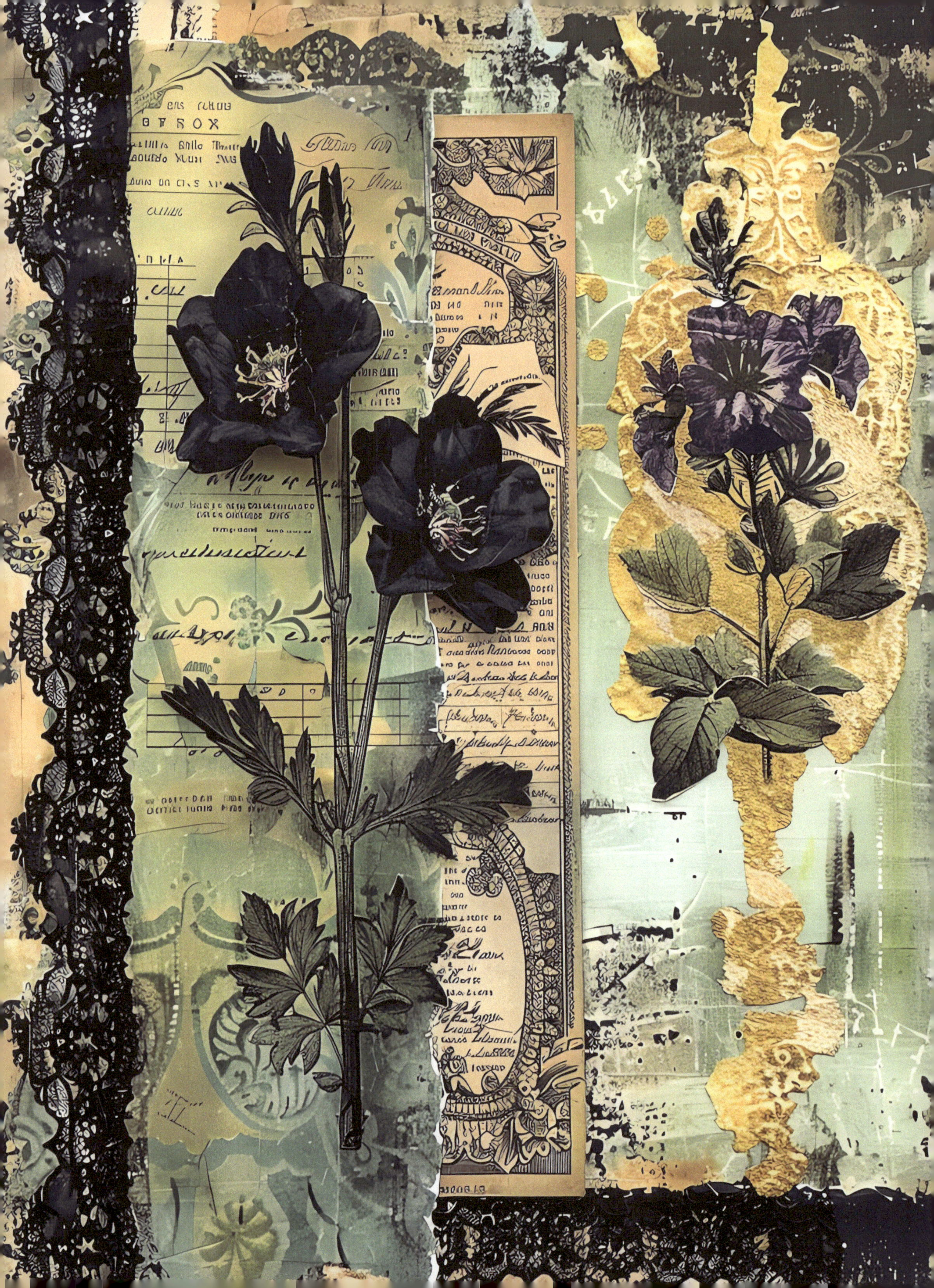

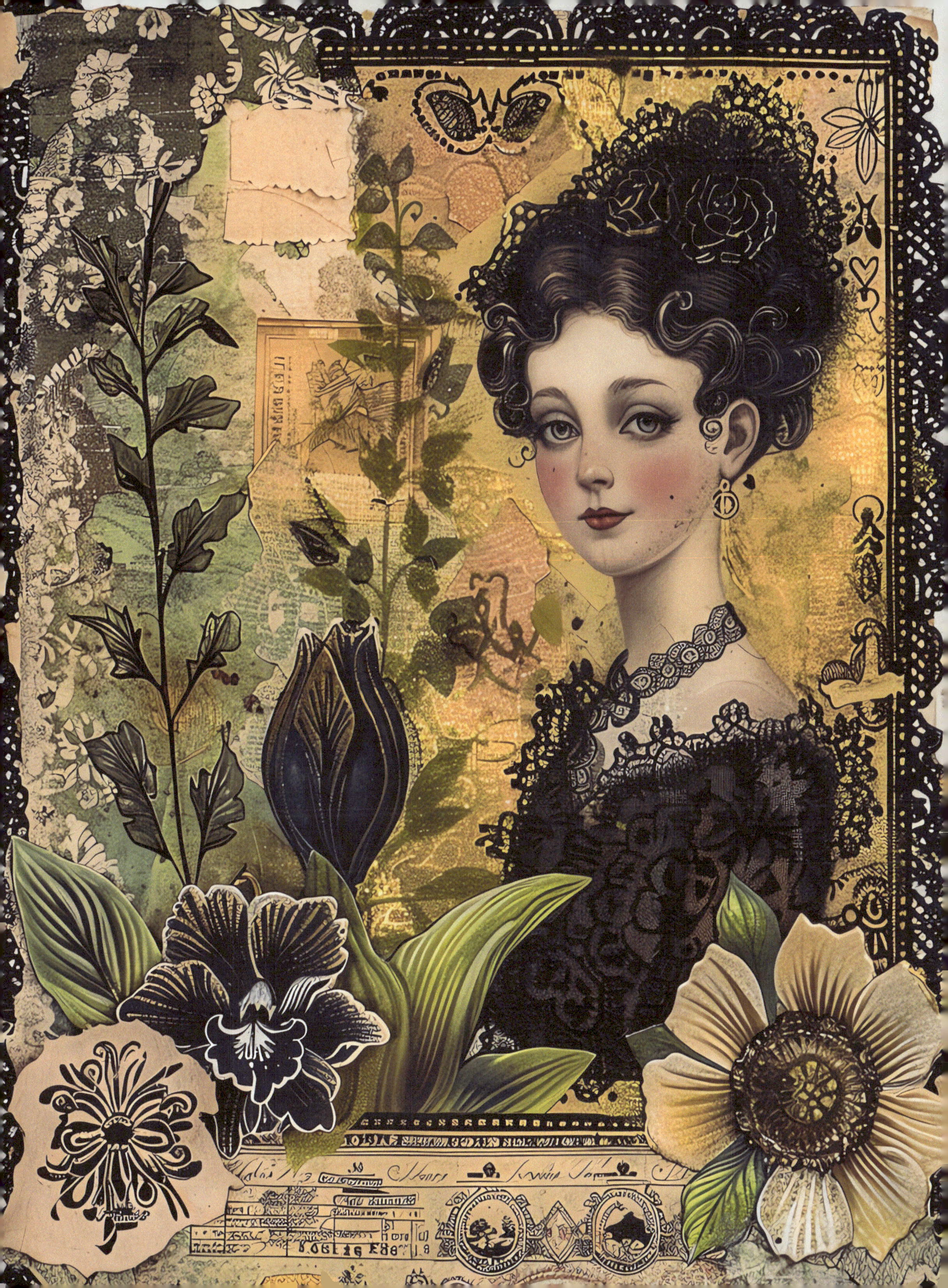

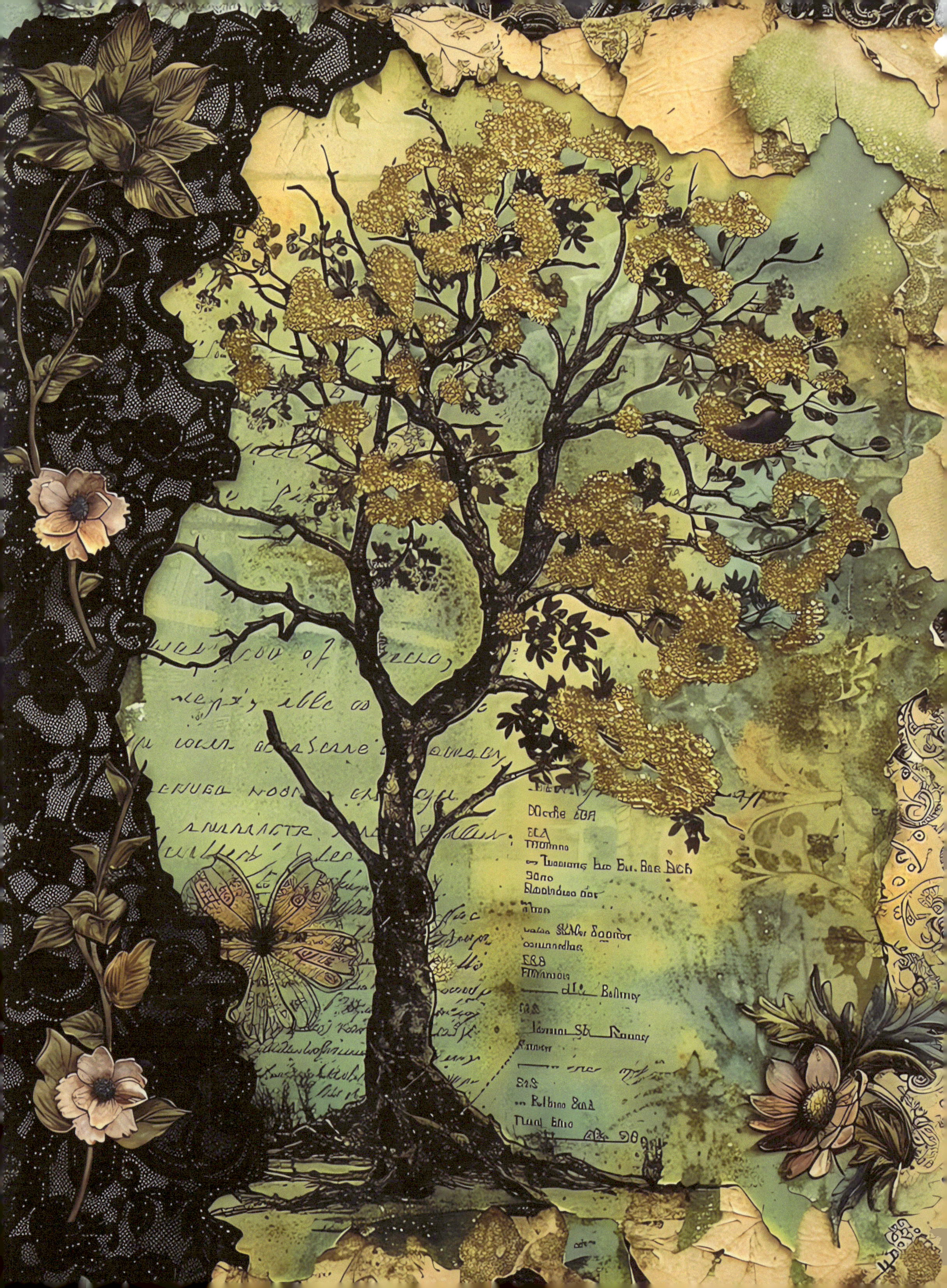

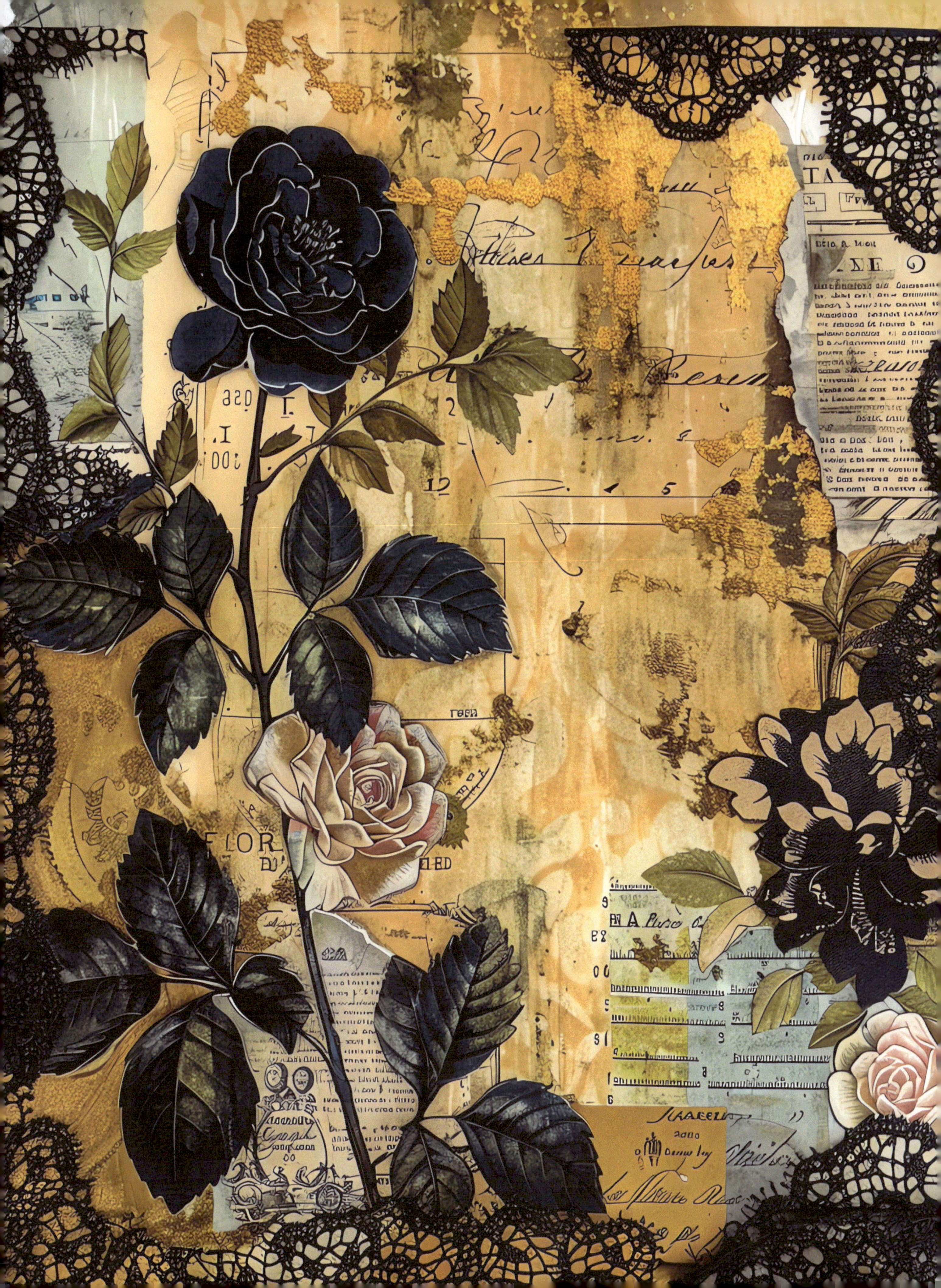
FLOR

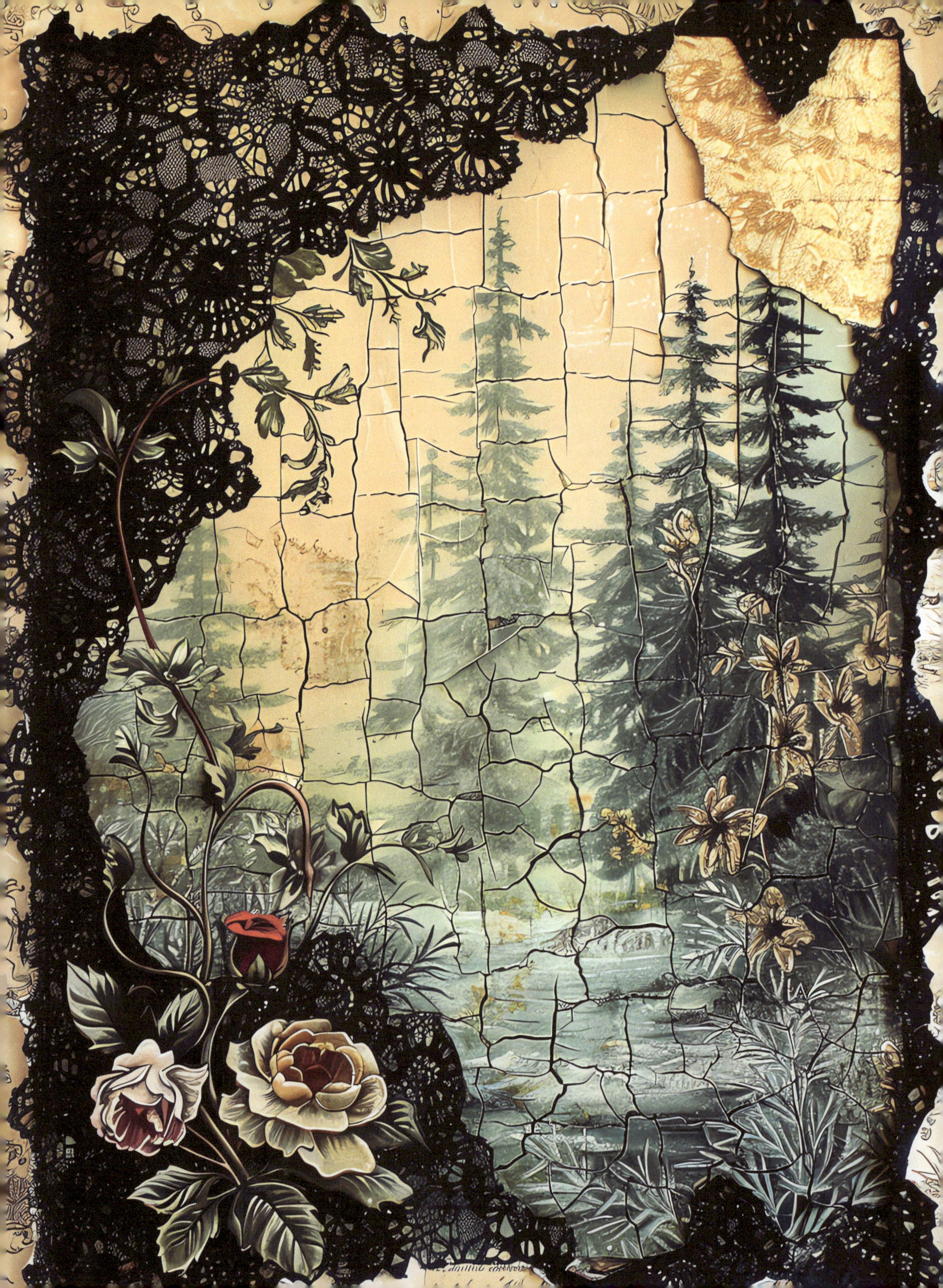

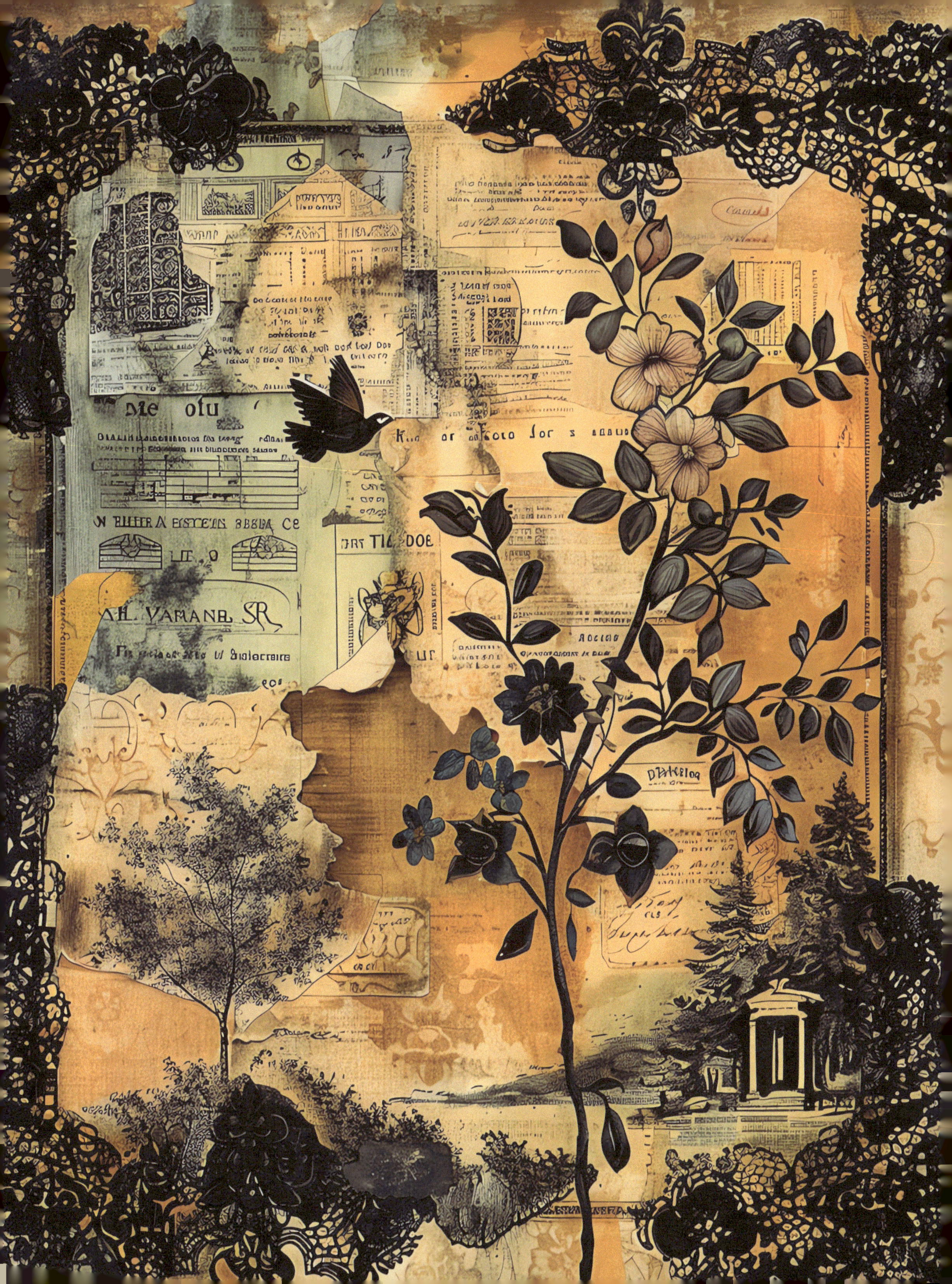

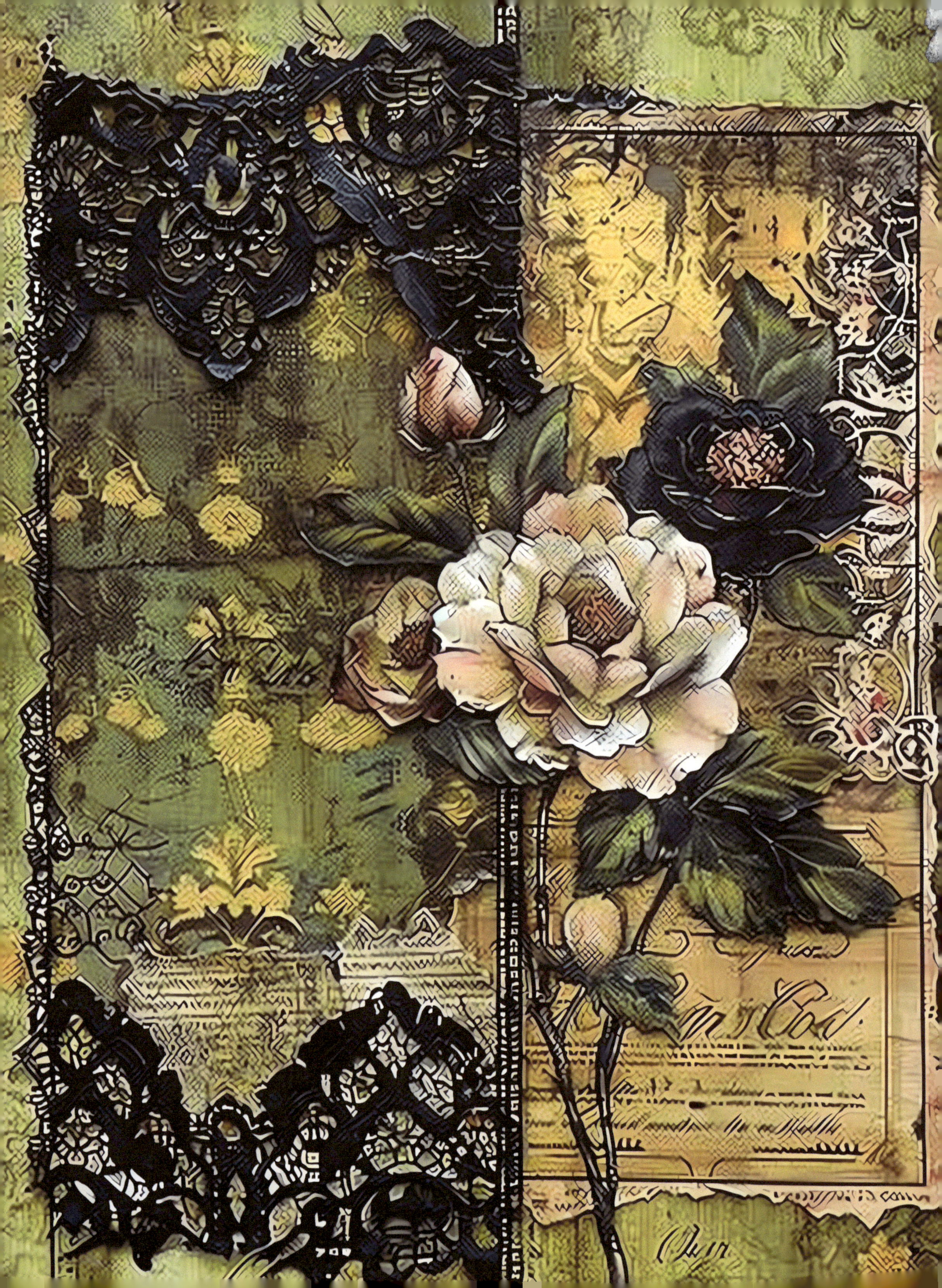

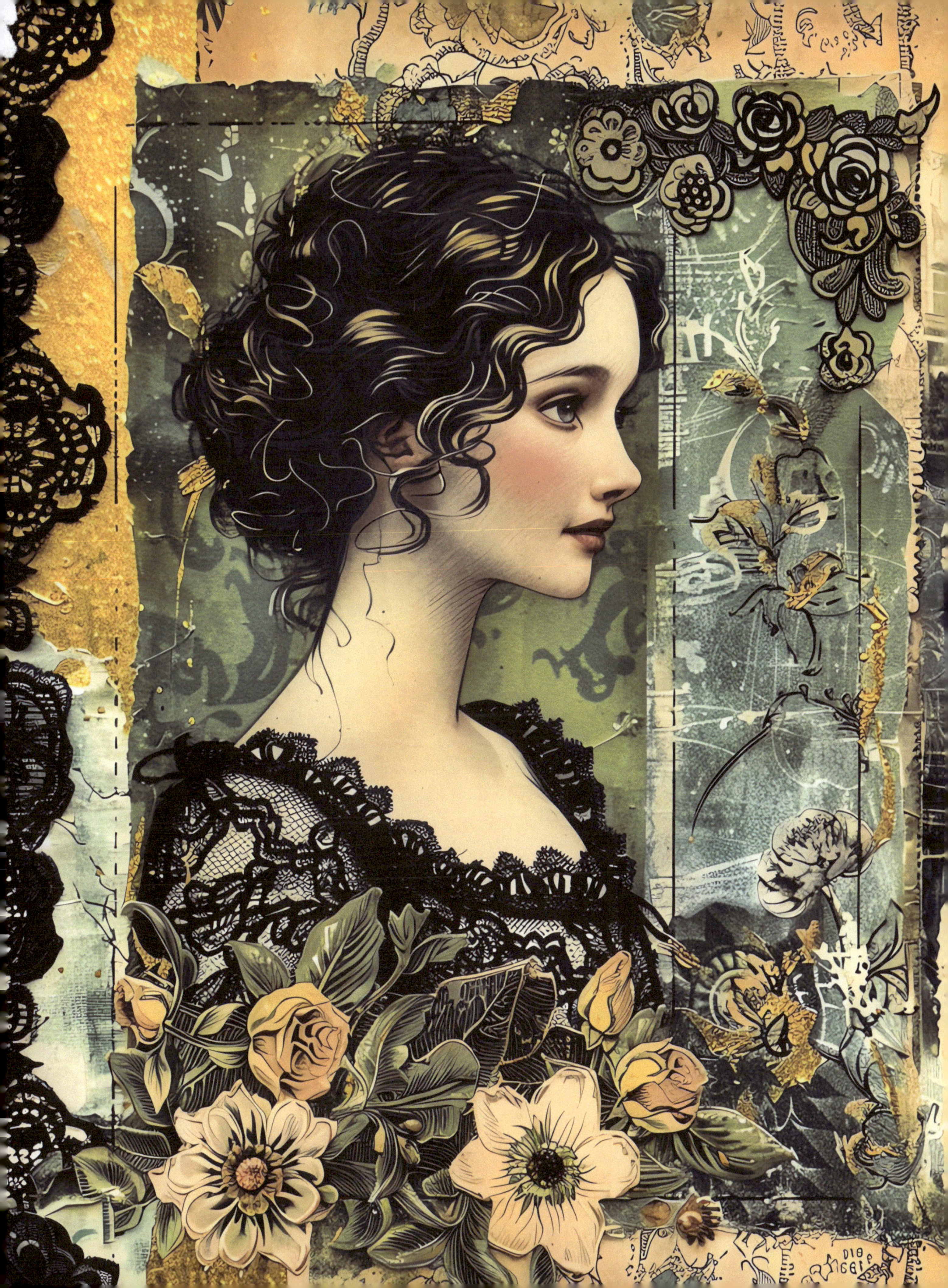

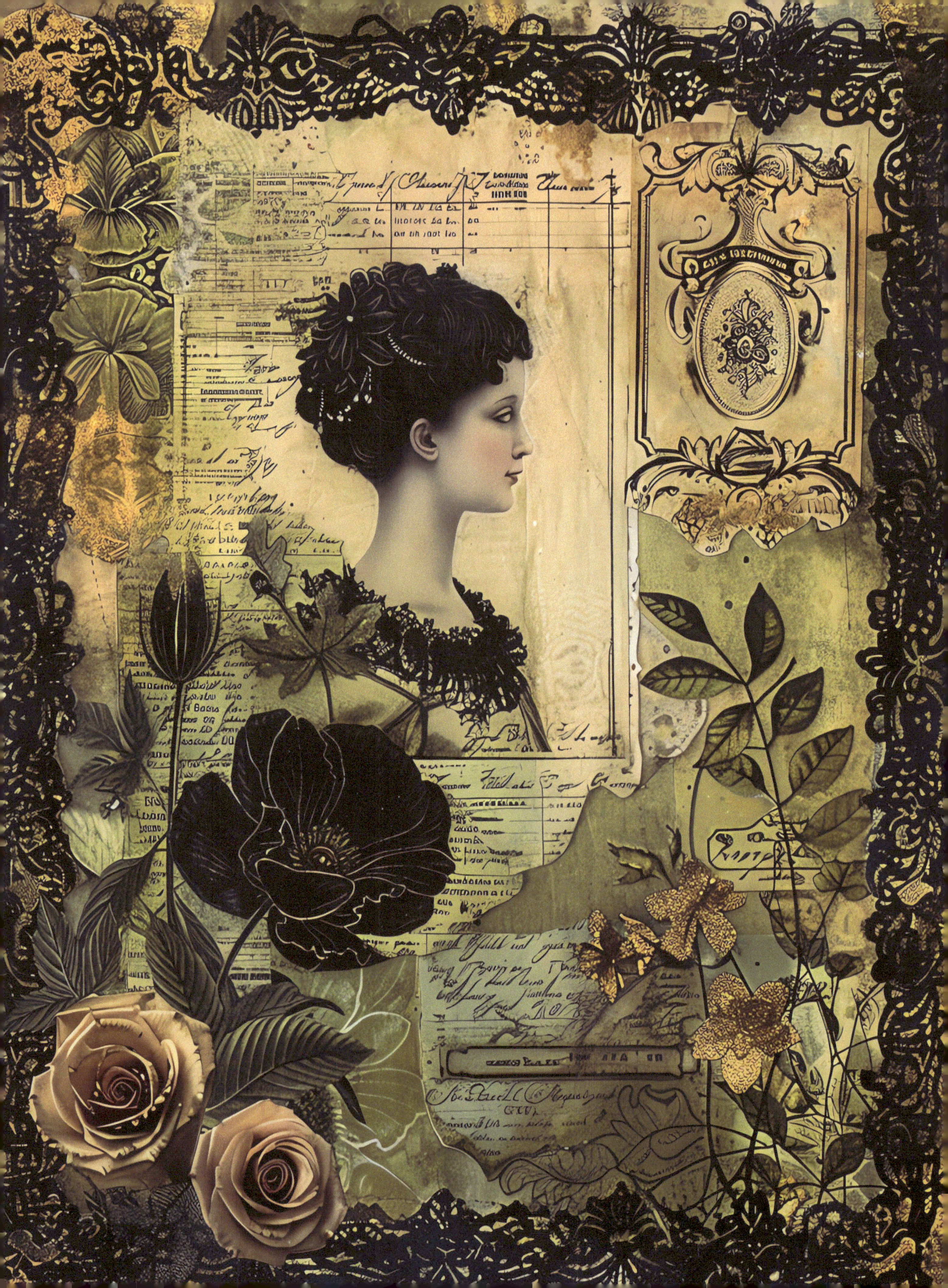

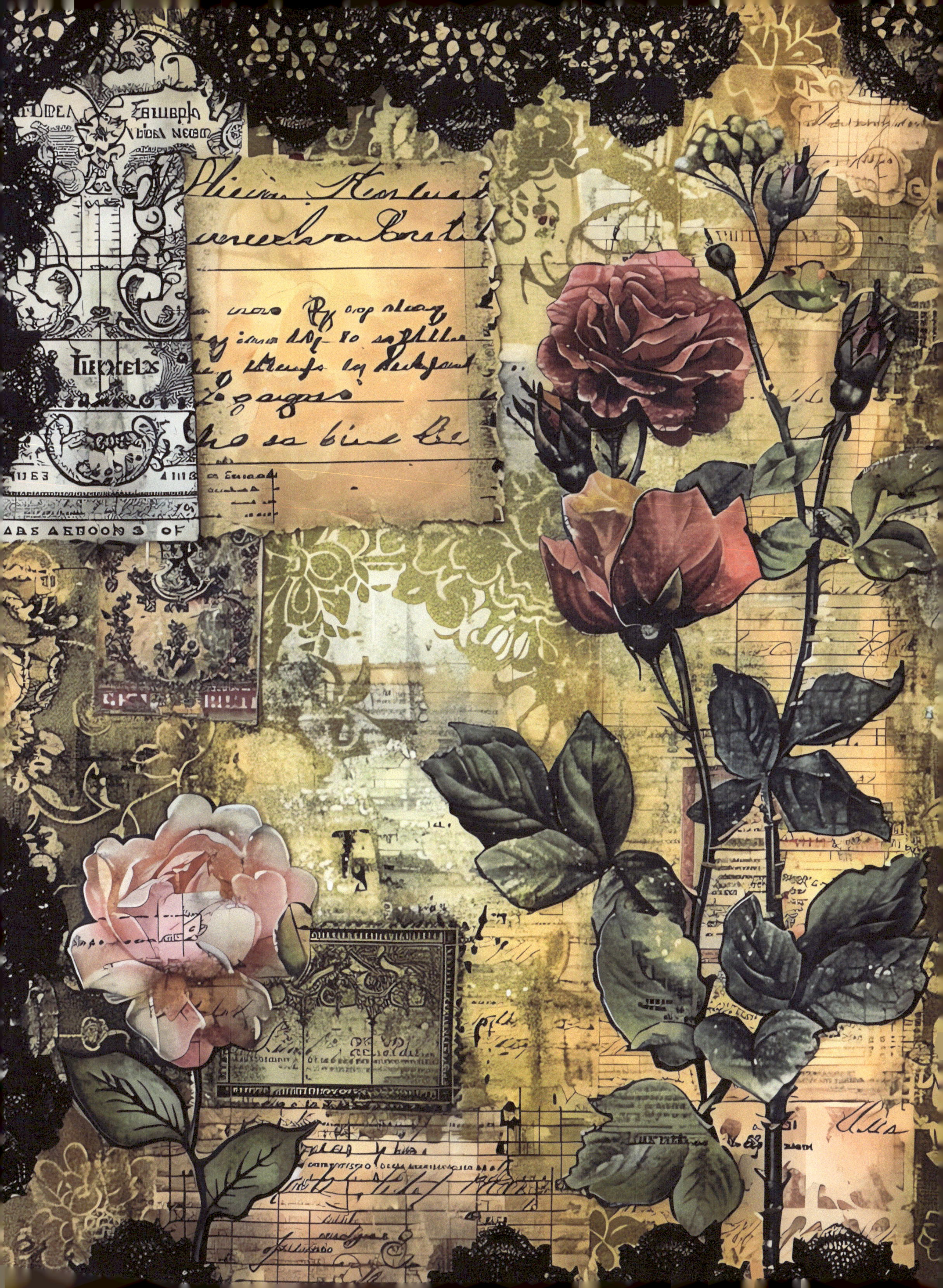

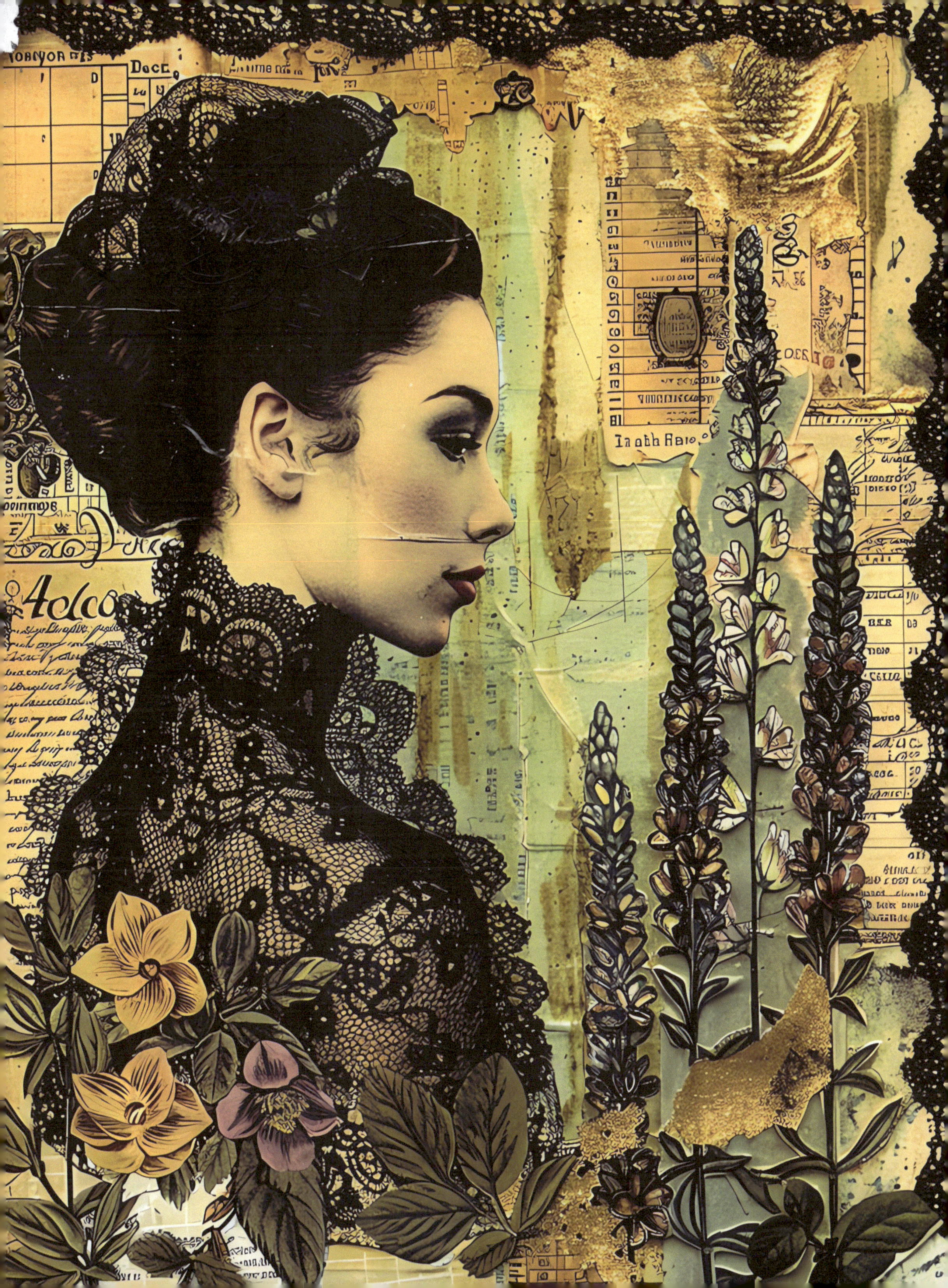

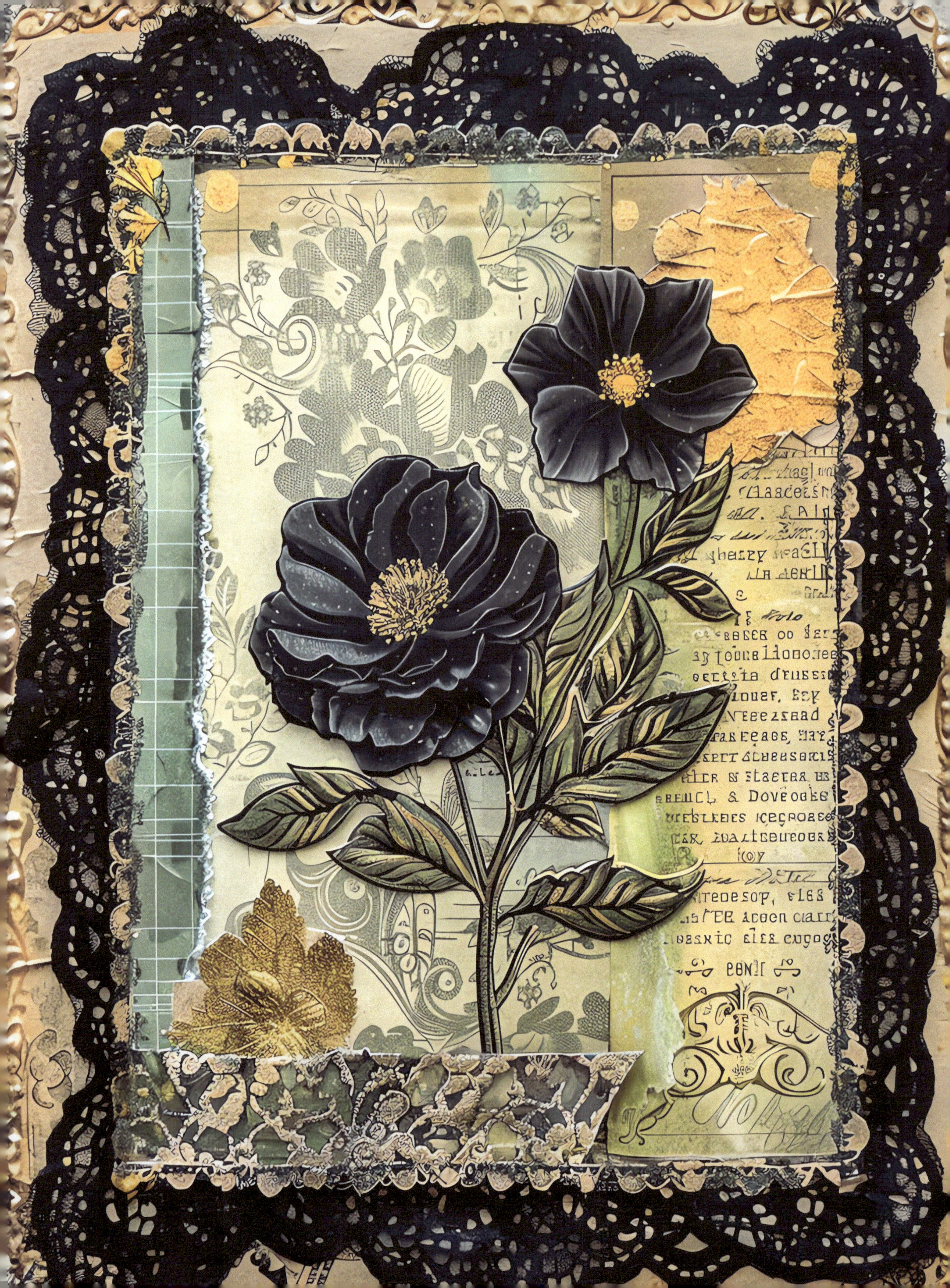

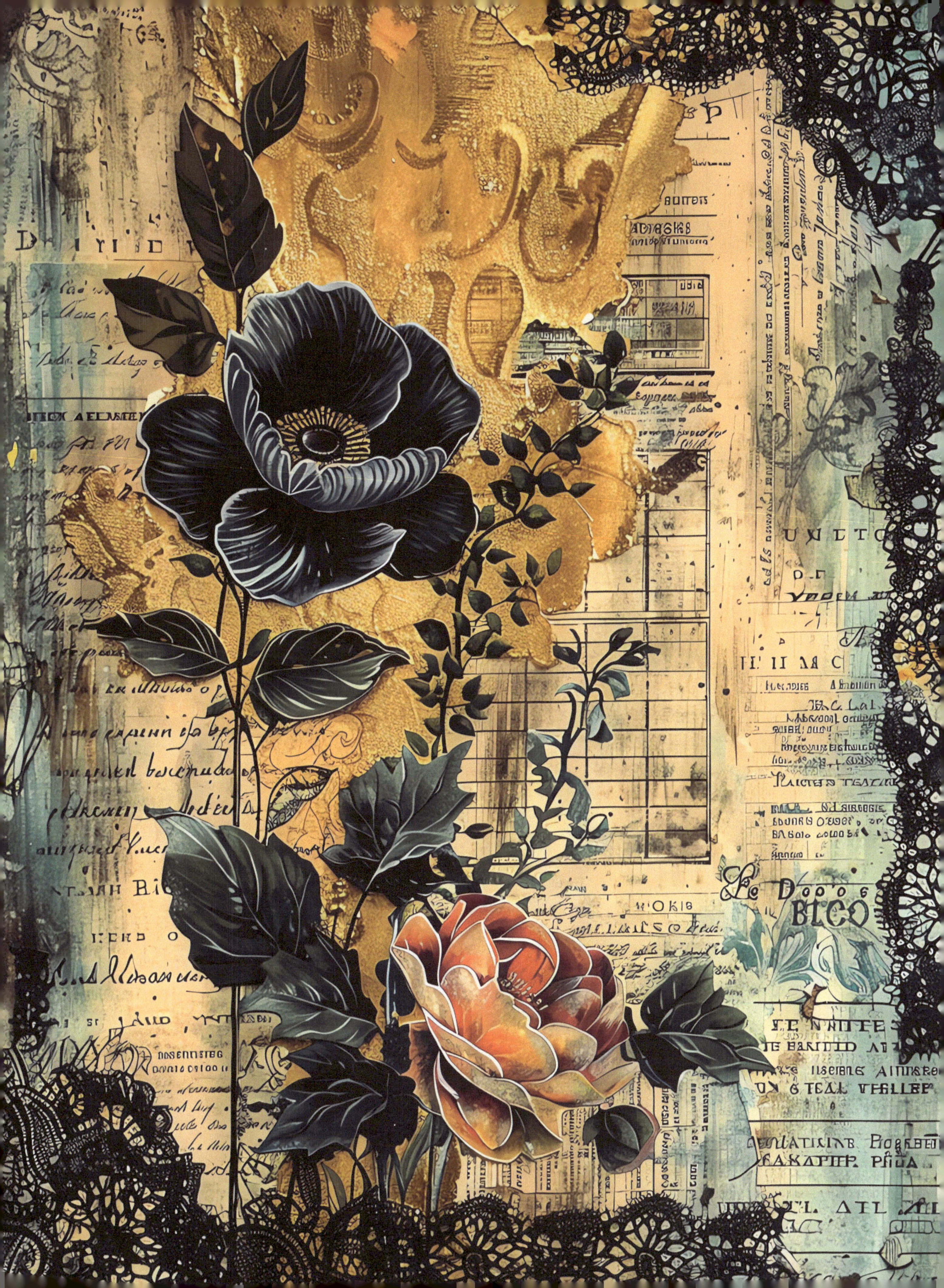

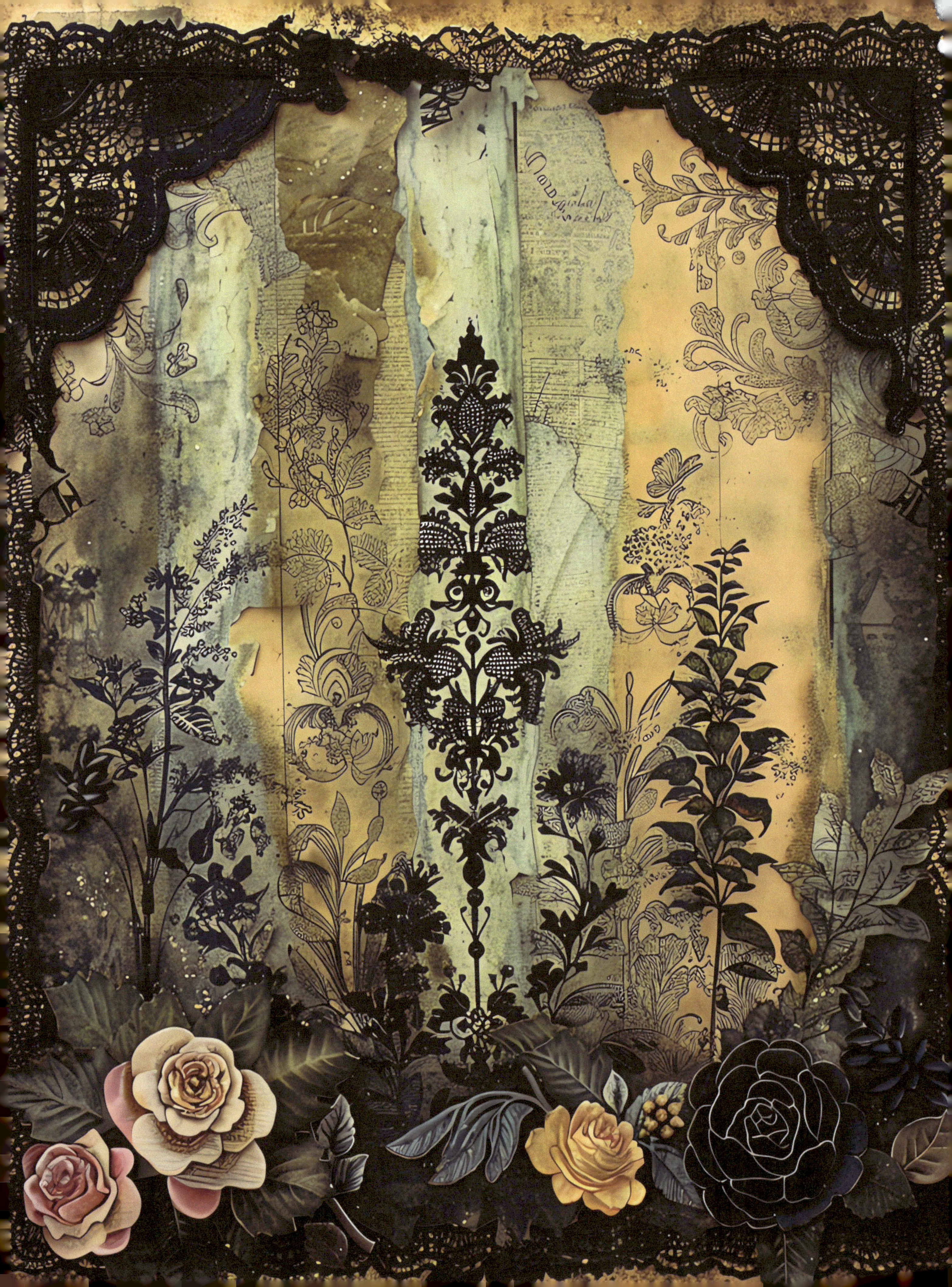

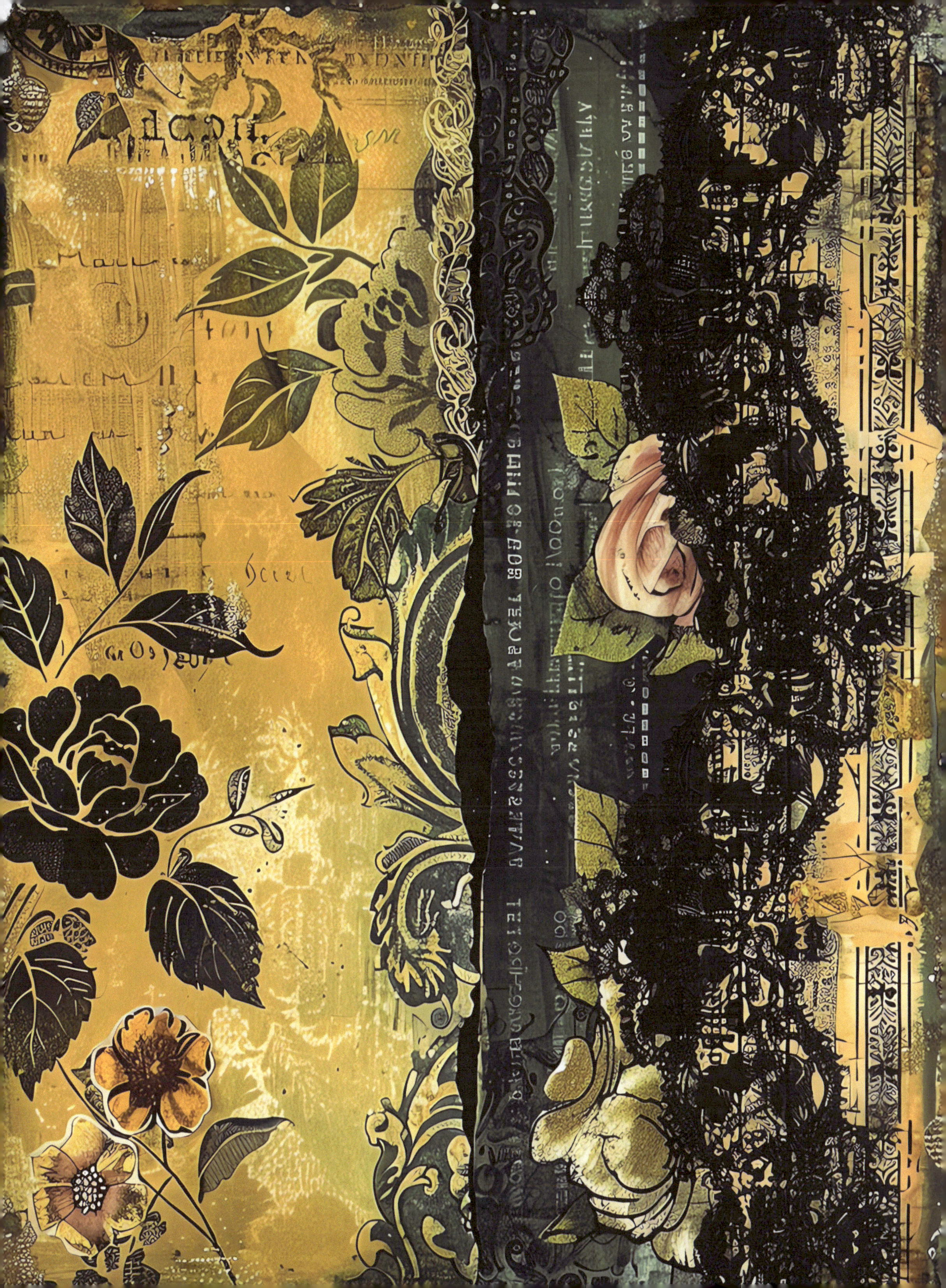

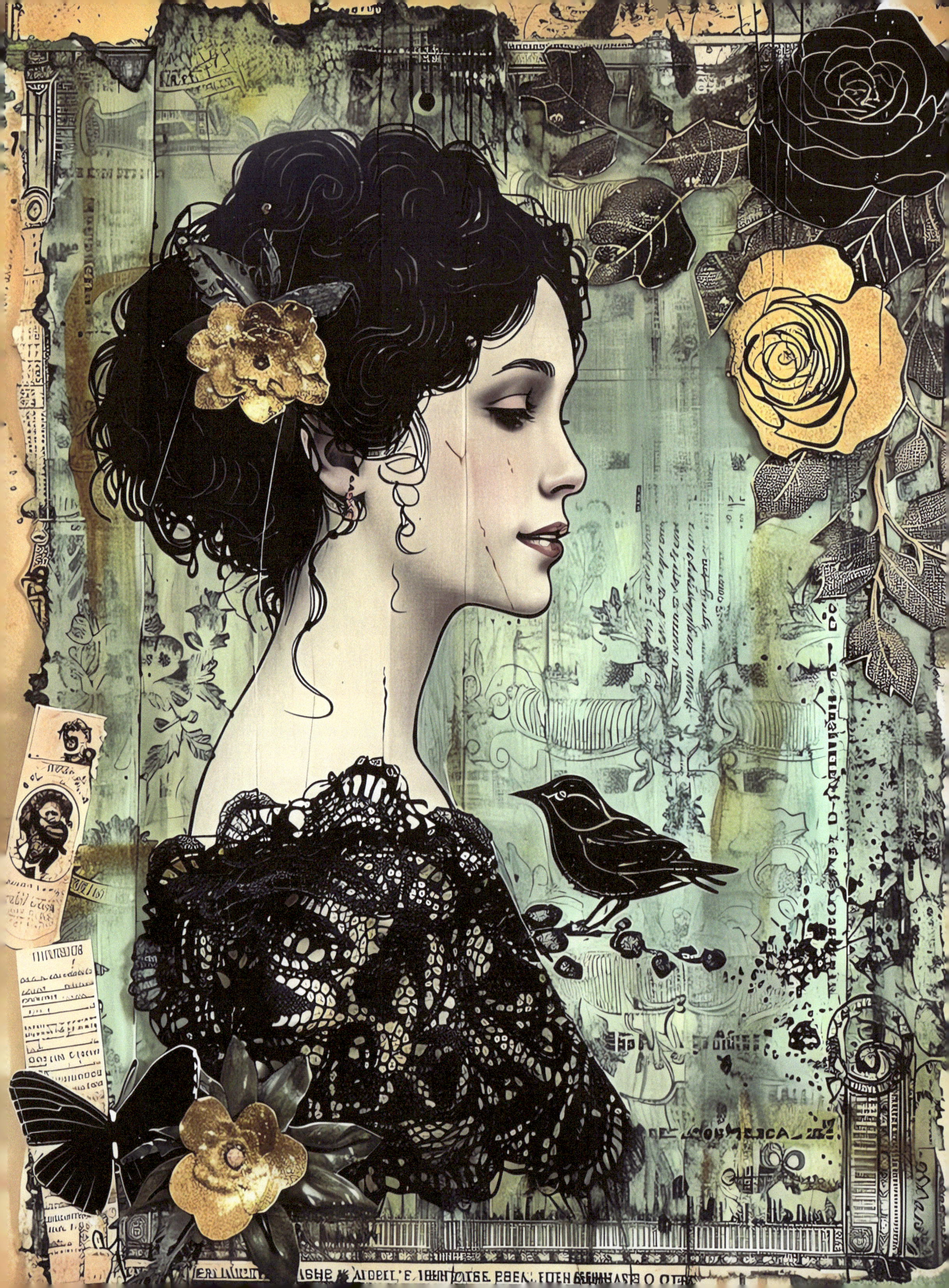

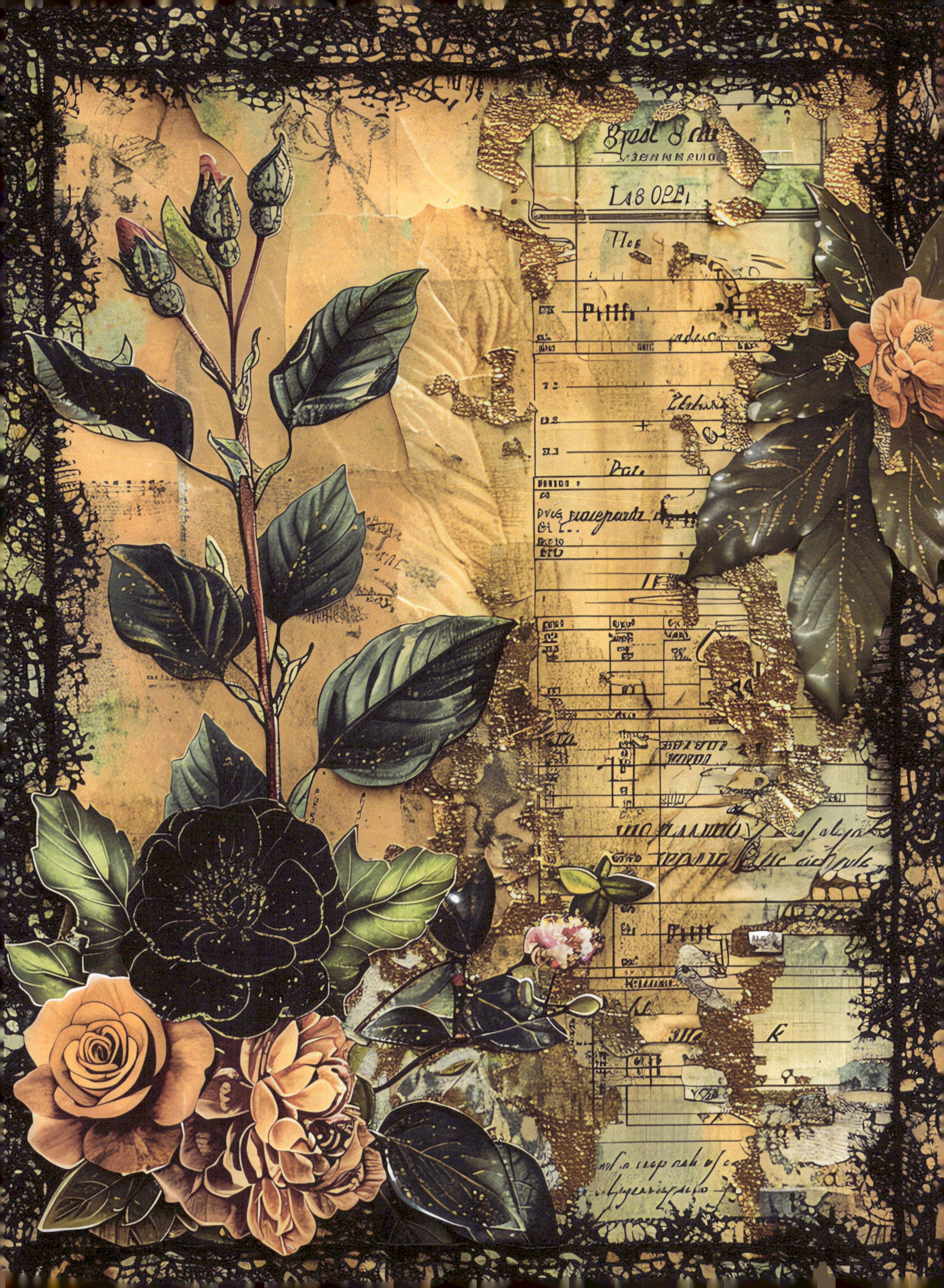

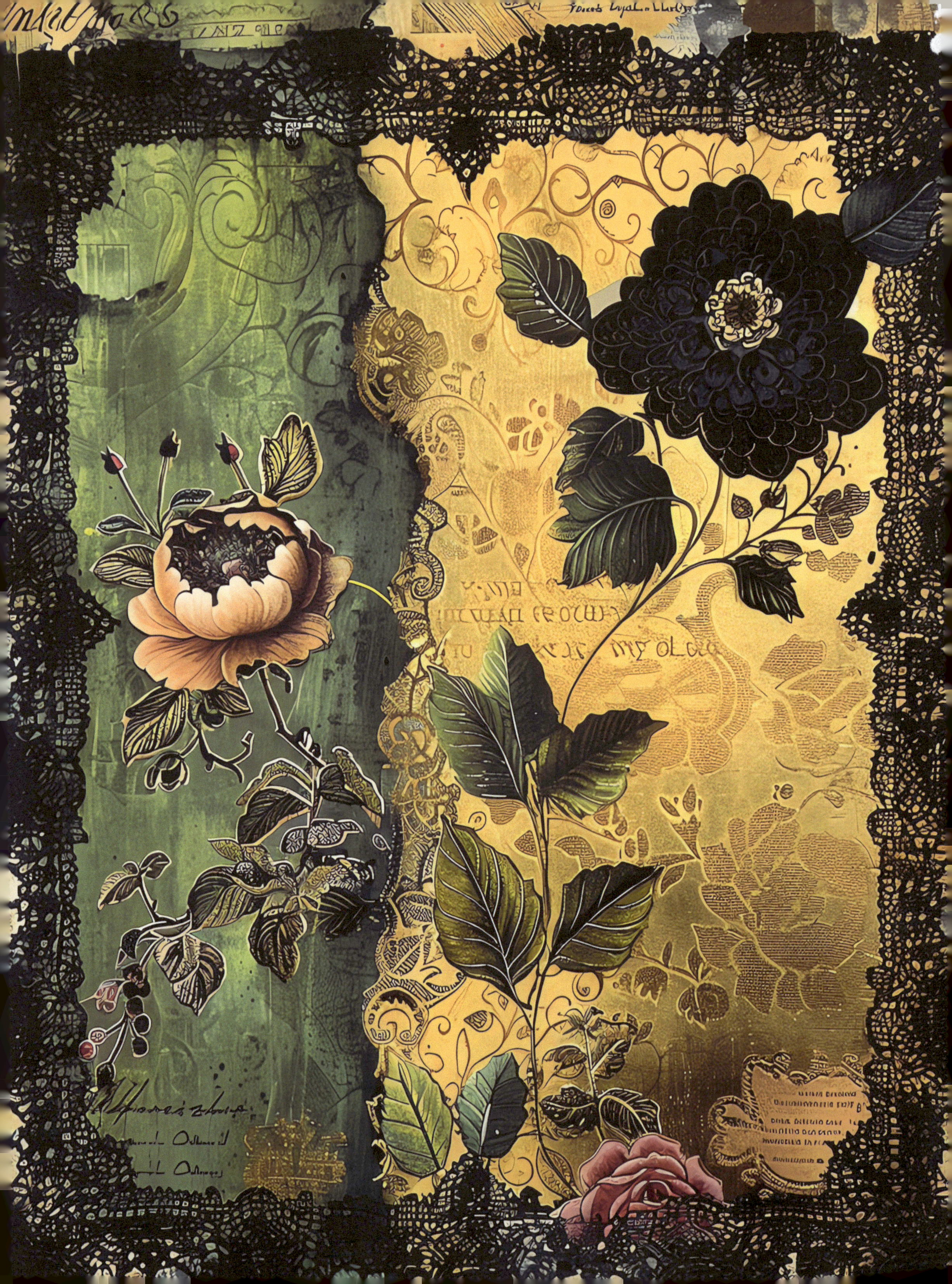

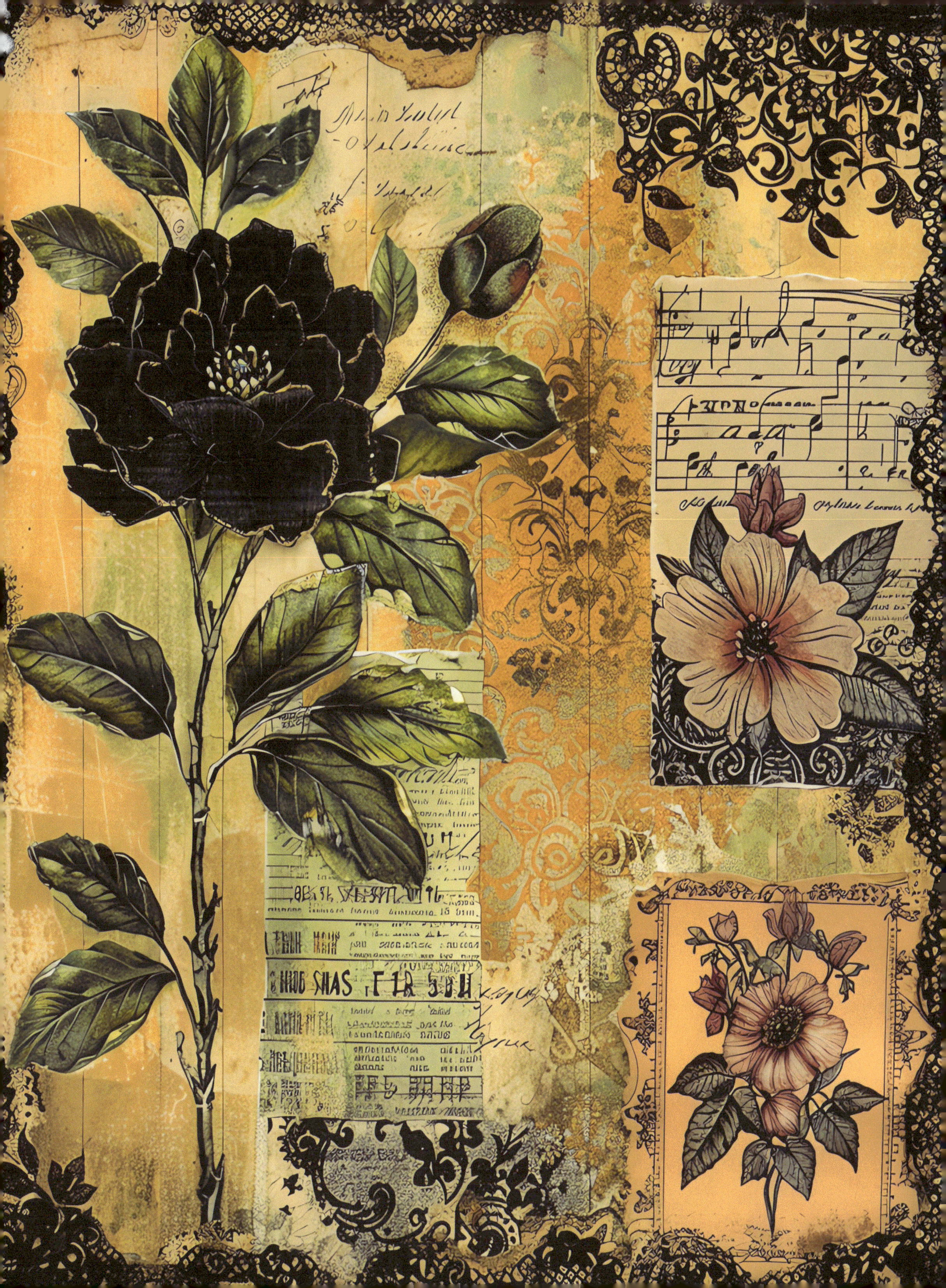

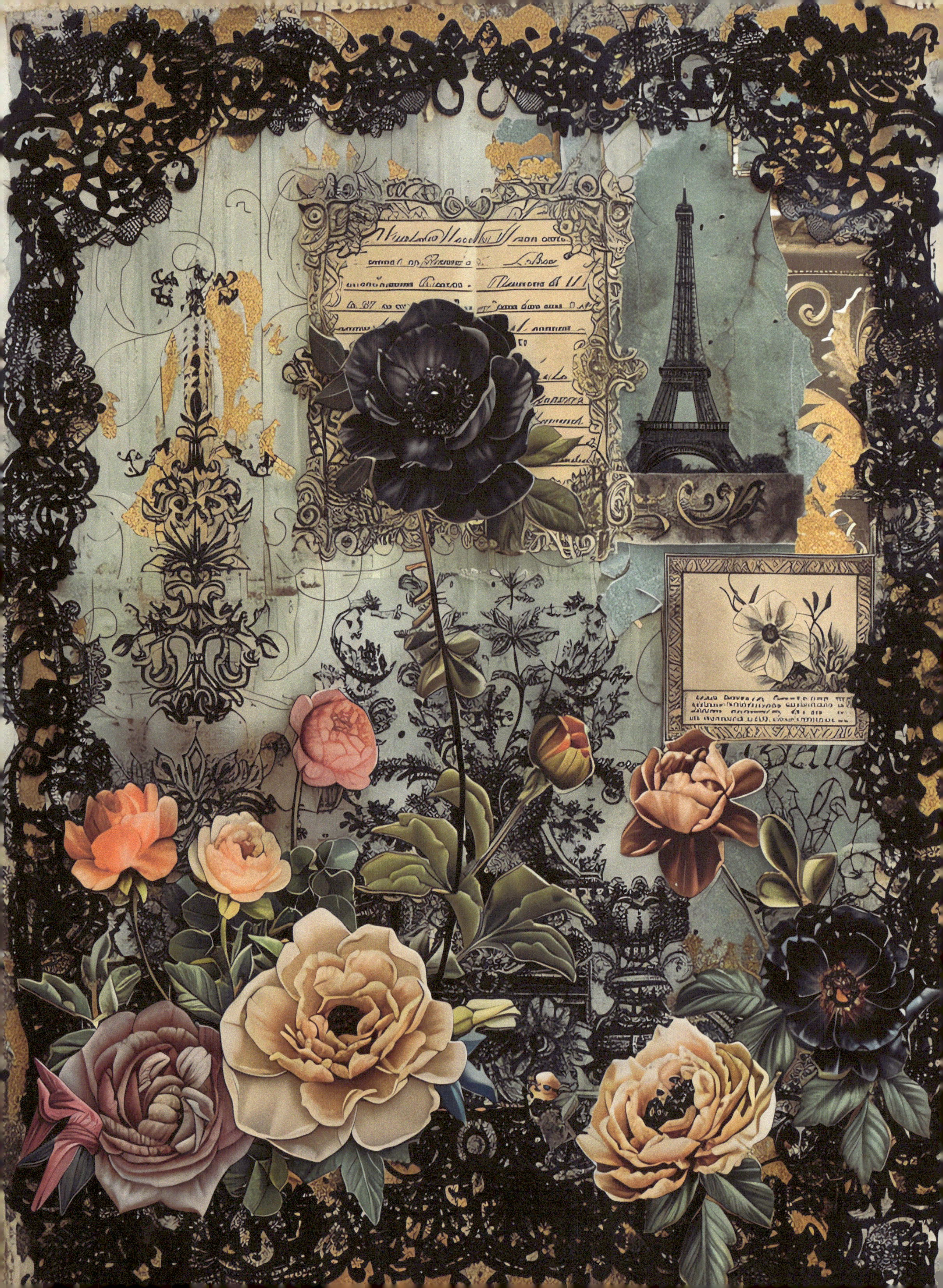

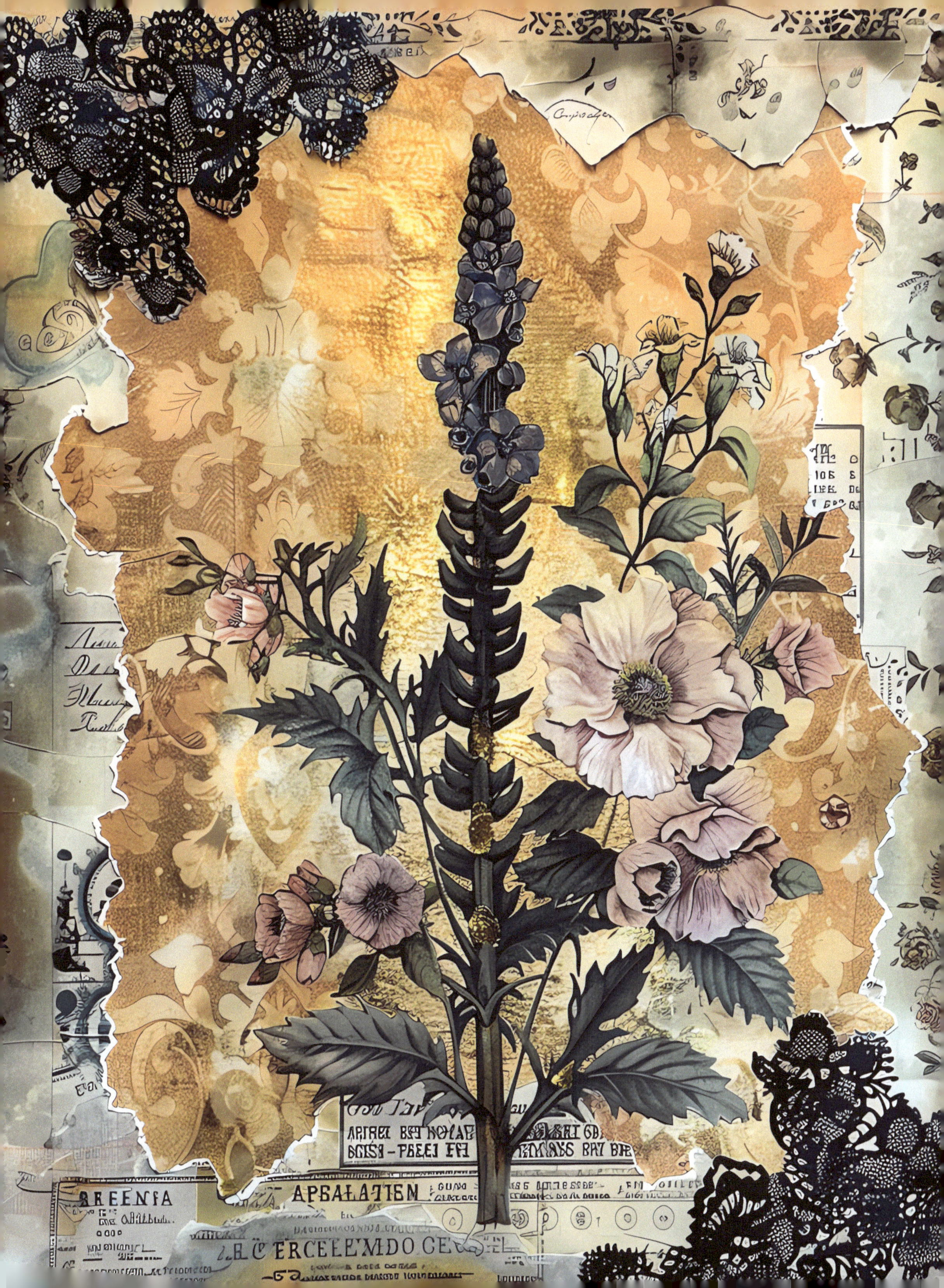
BREENIA
APBALATIEM
ERCELEMDO CE

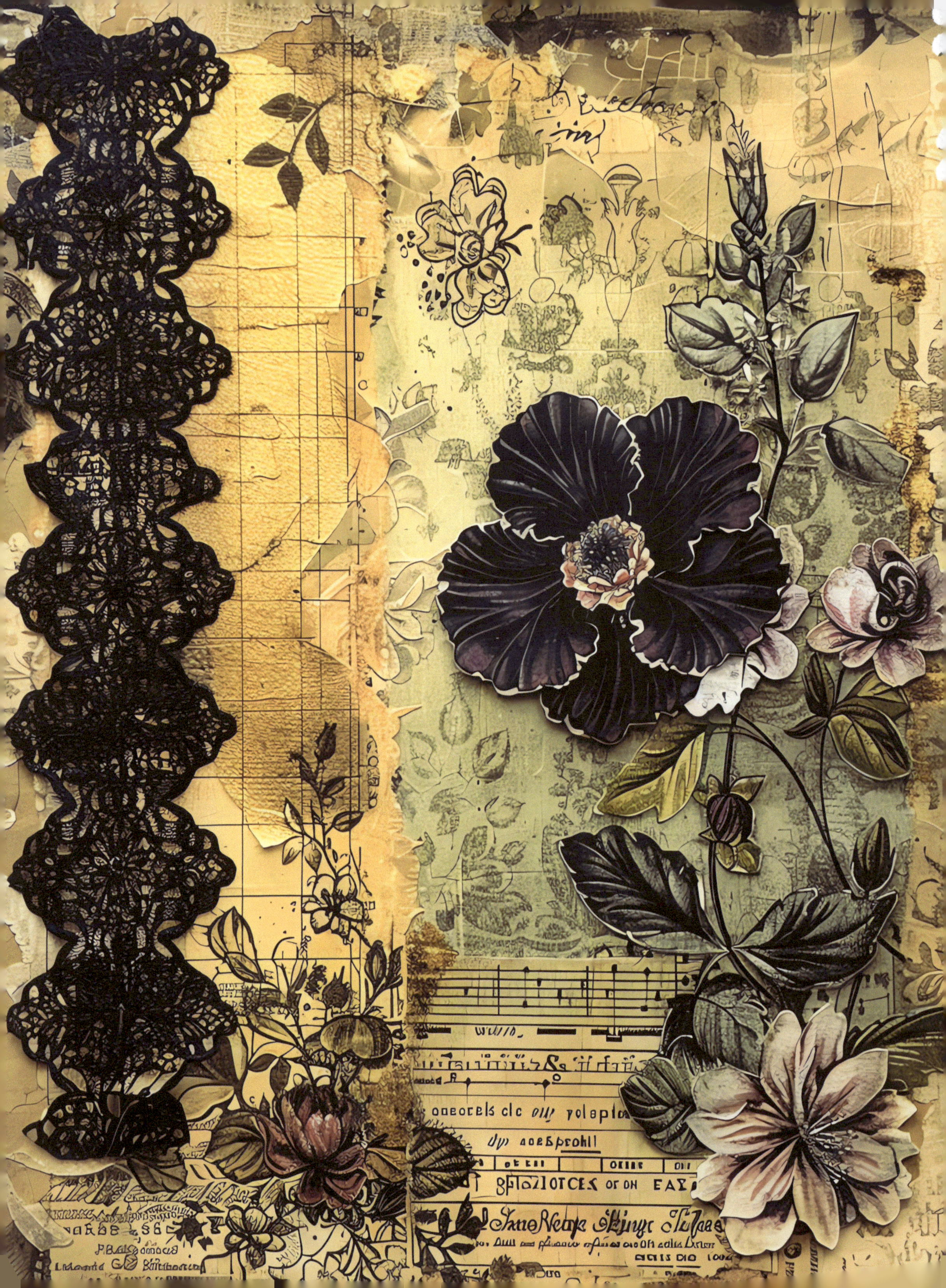

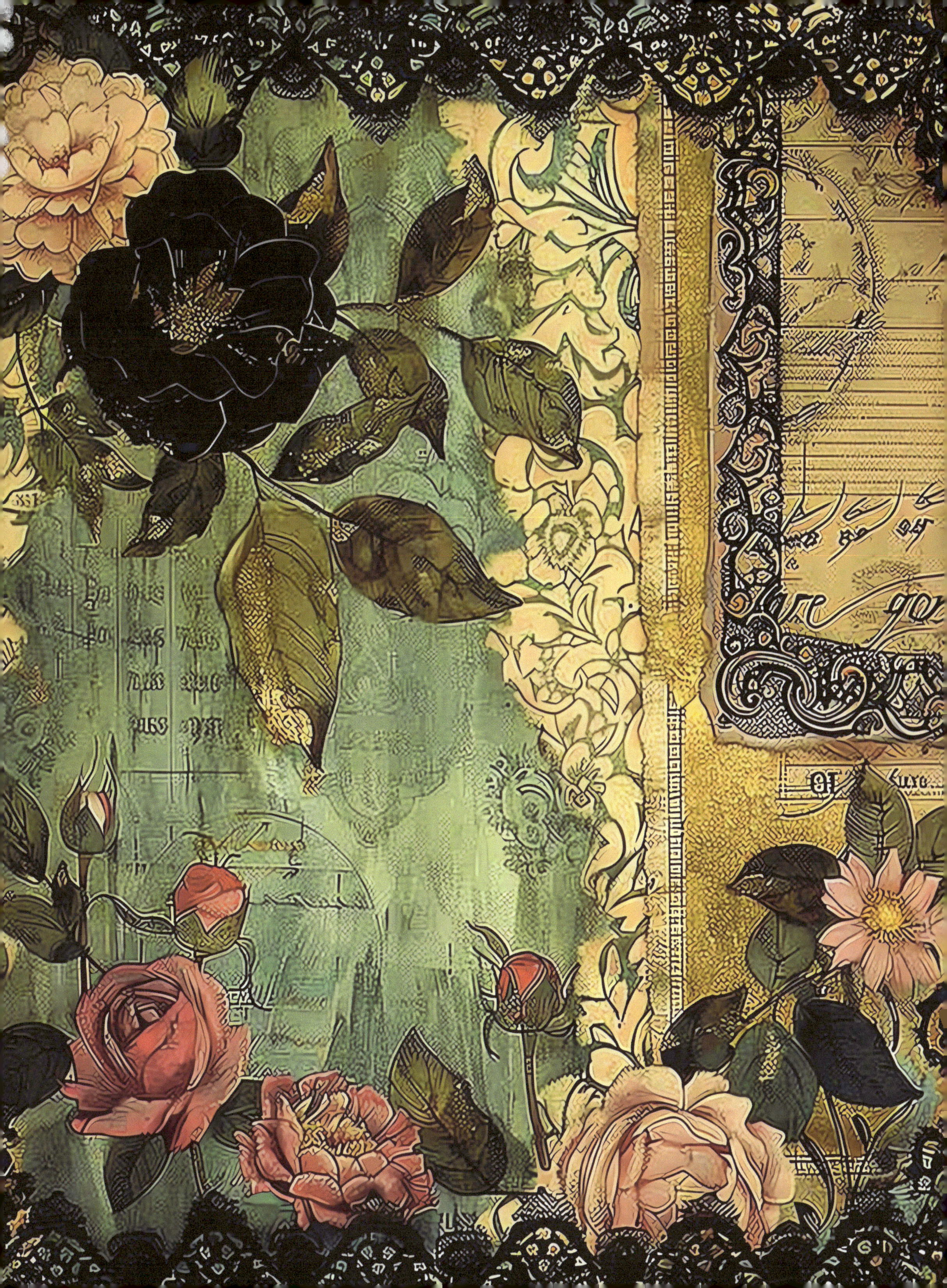

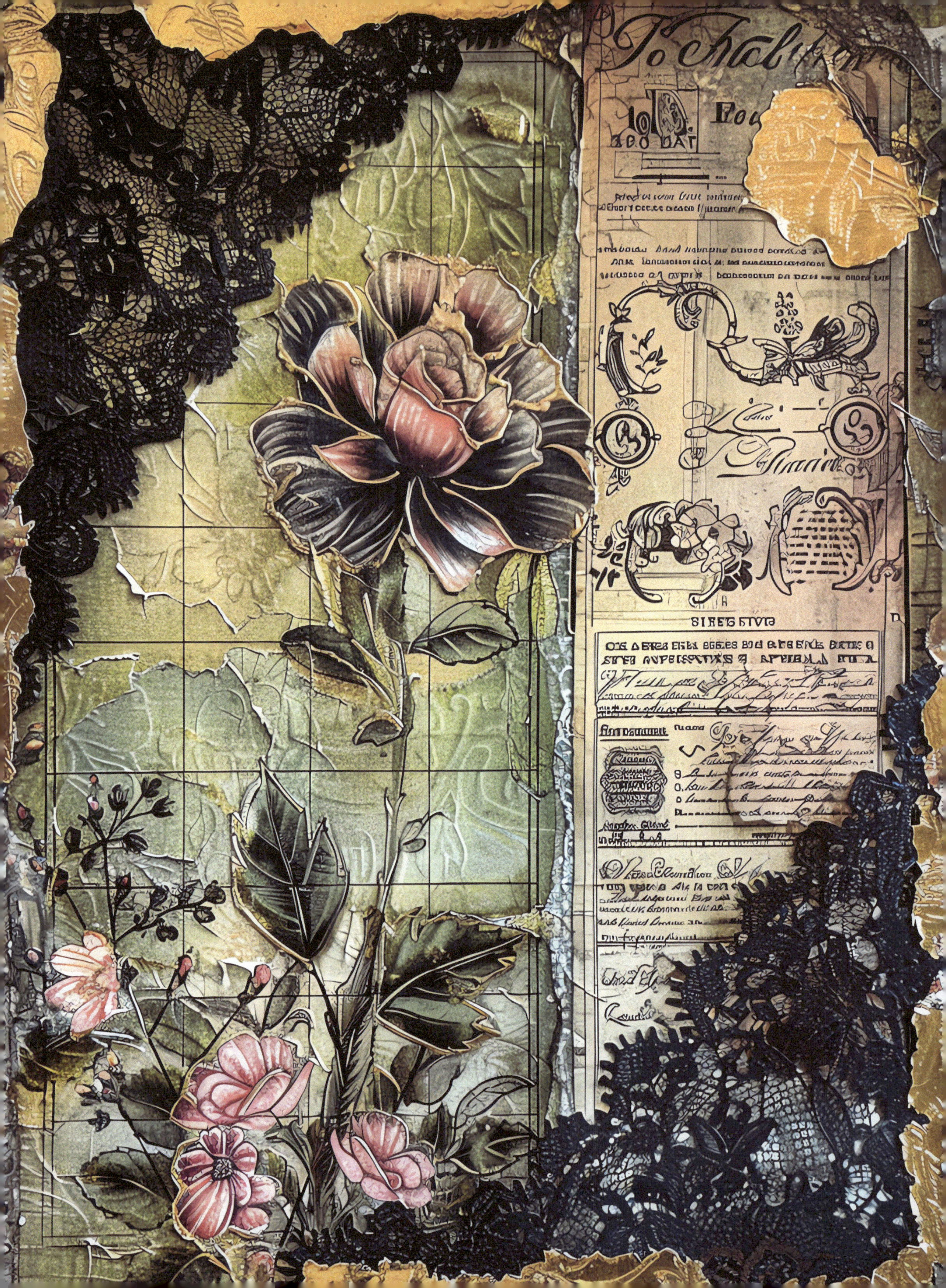

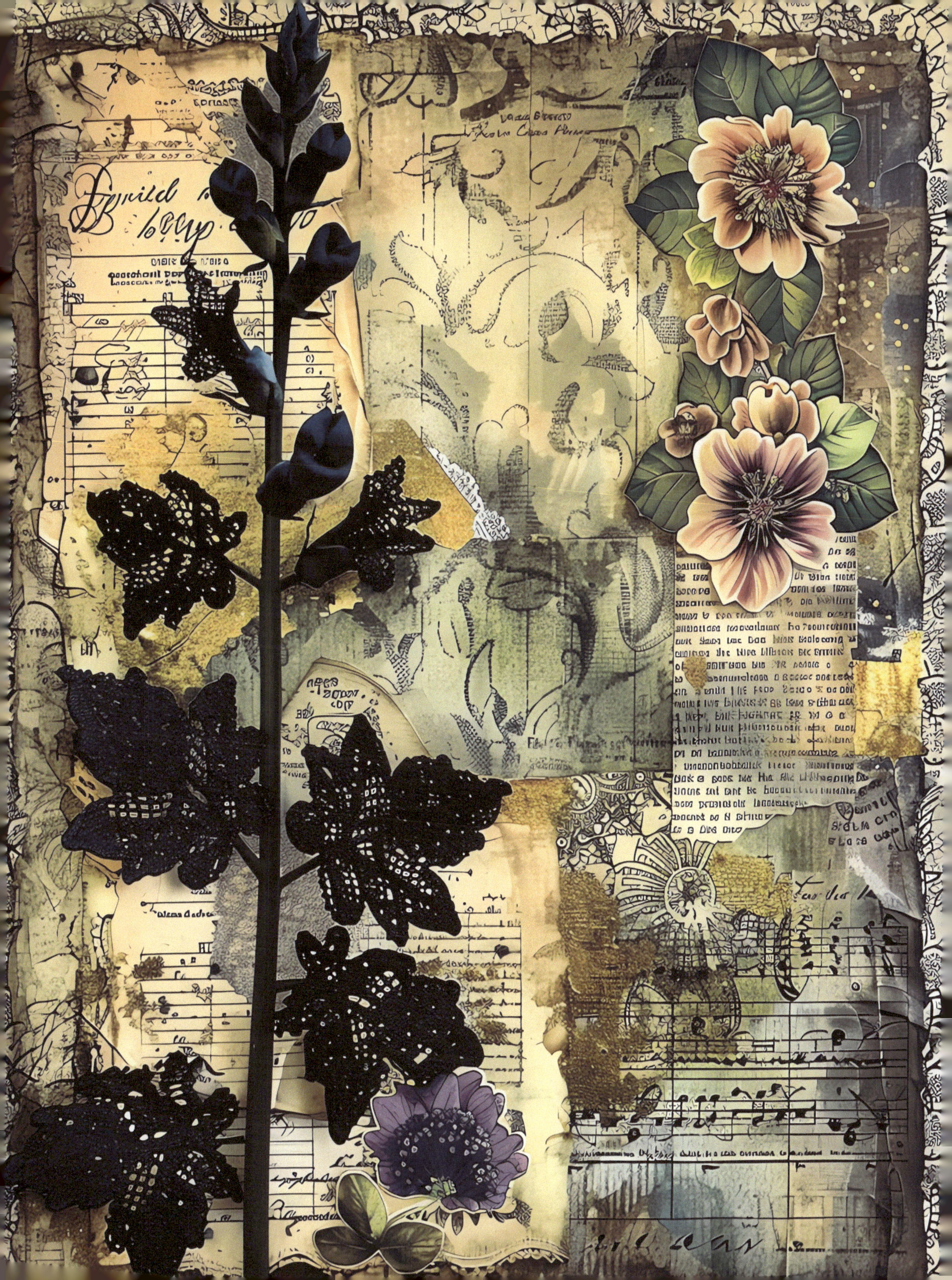

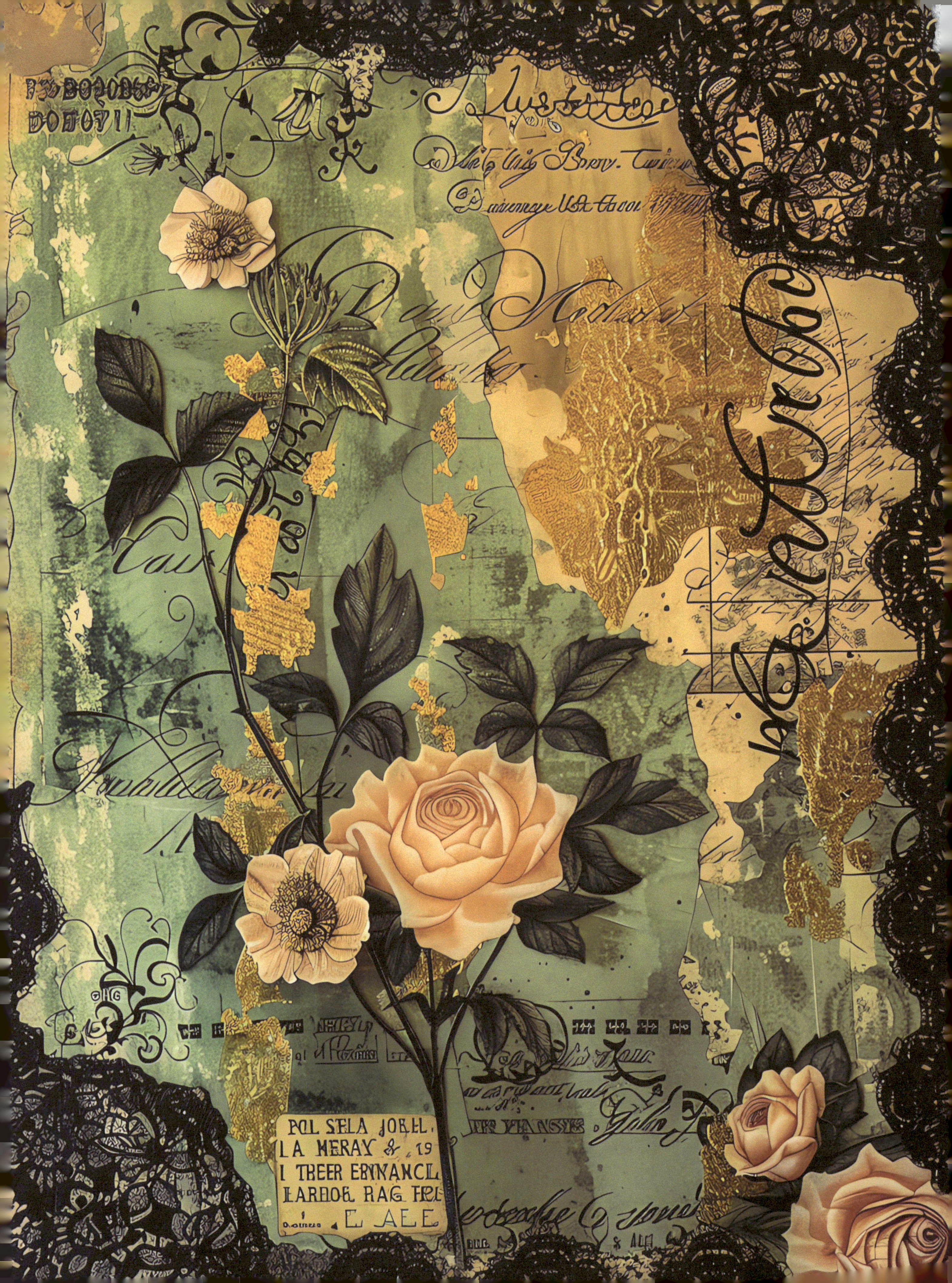

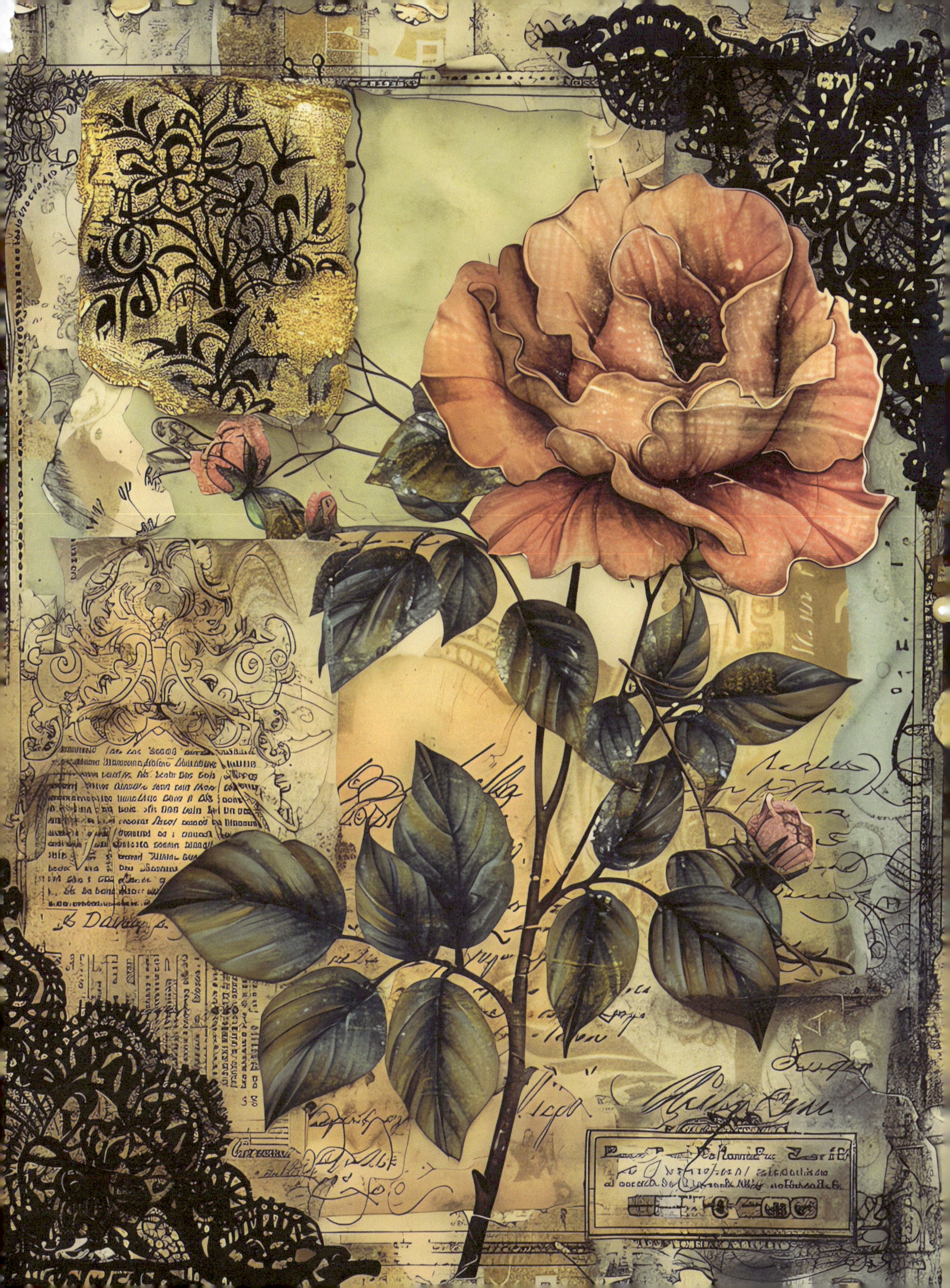

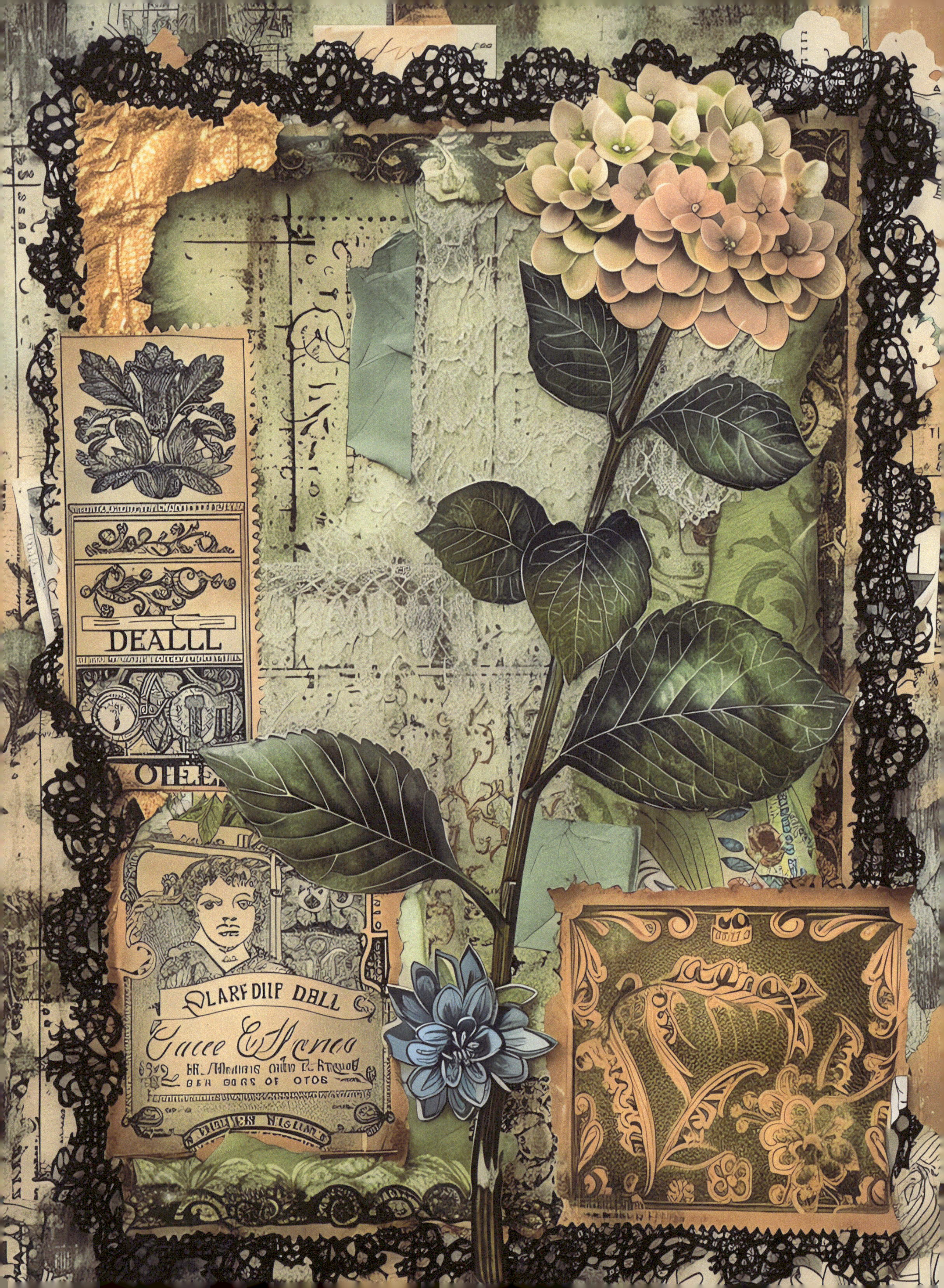
DEALL
OLARF DIIP DALL

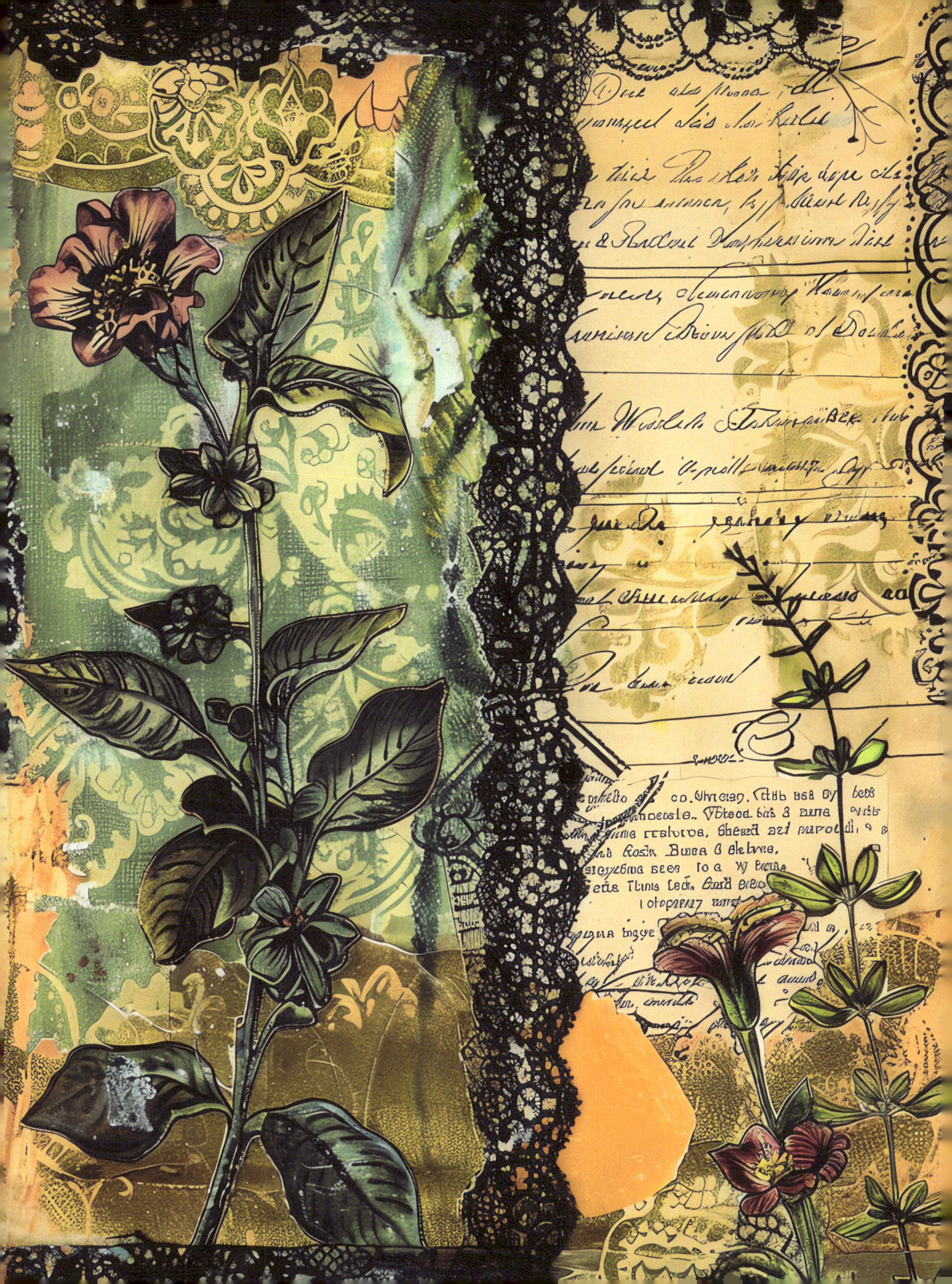

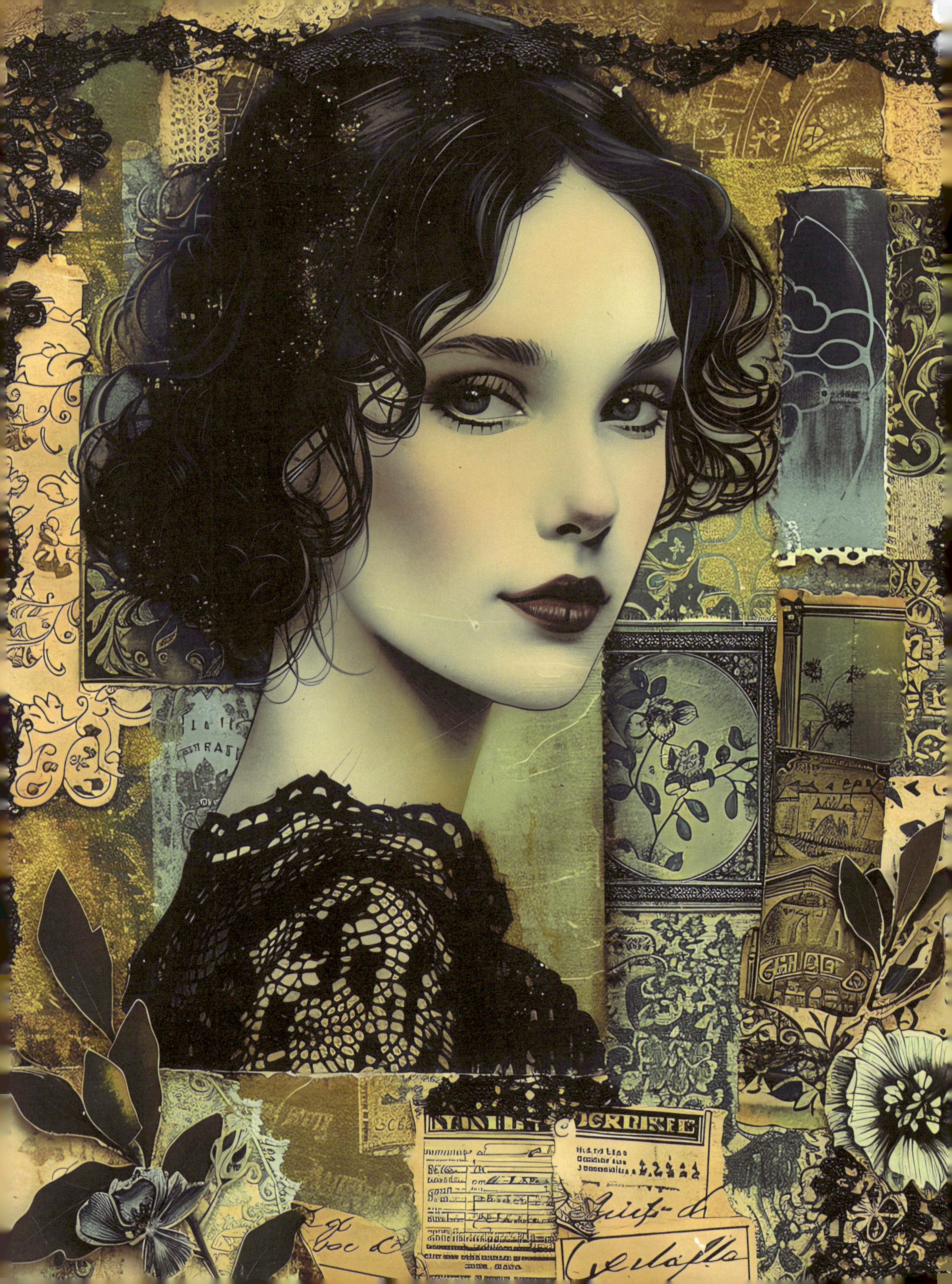

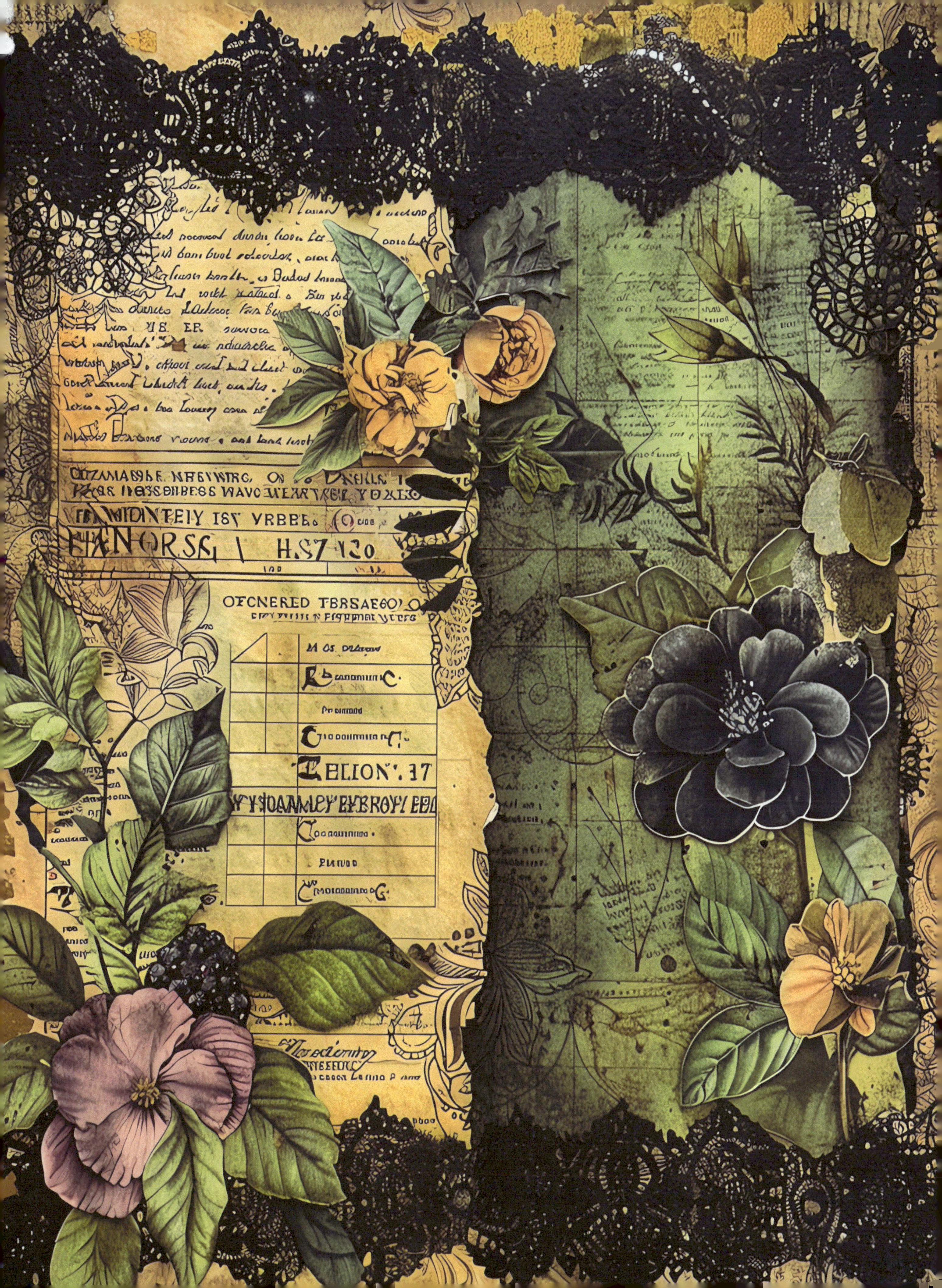

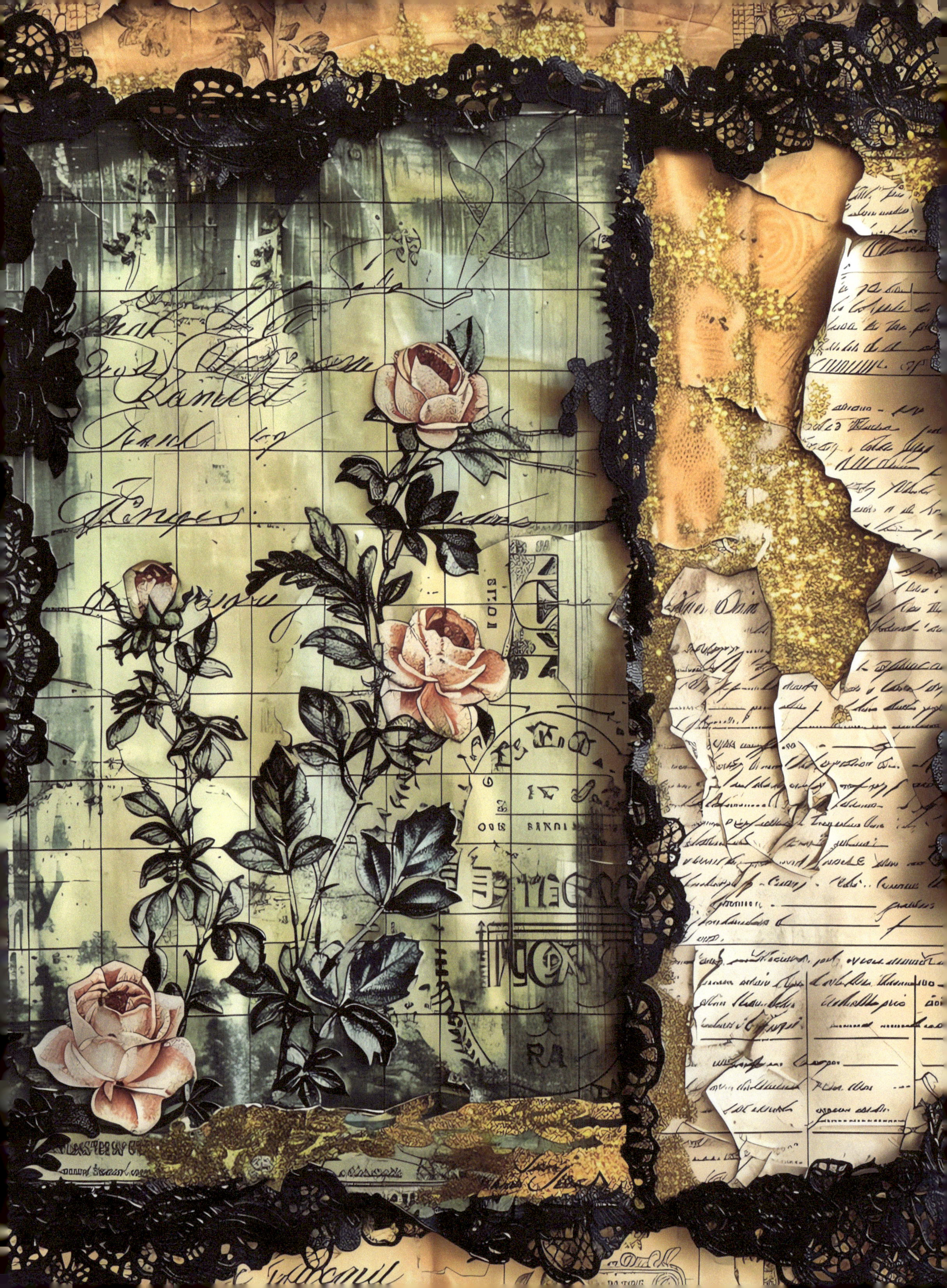

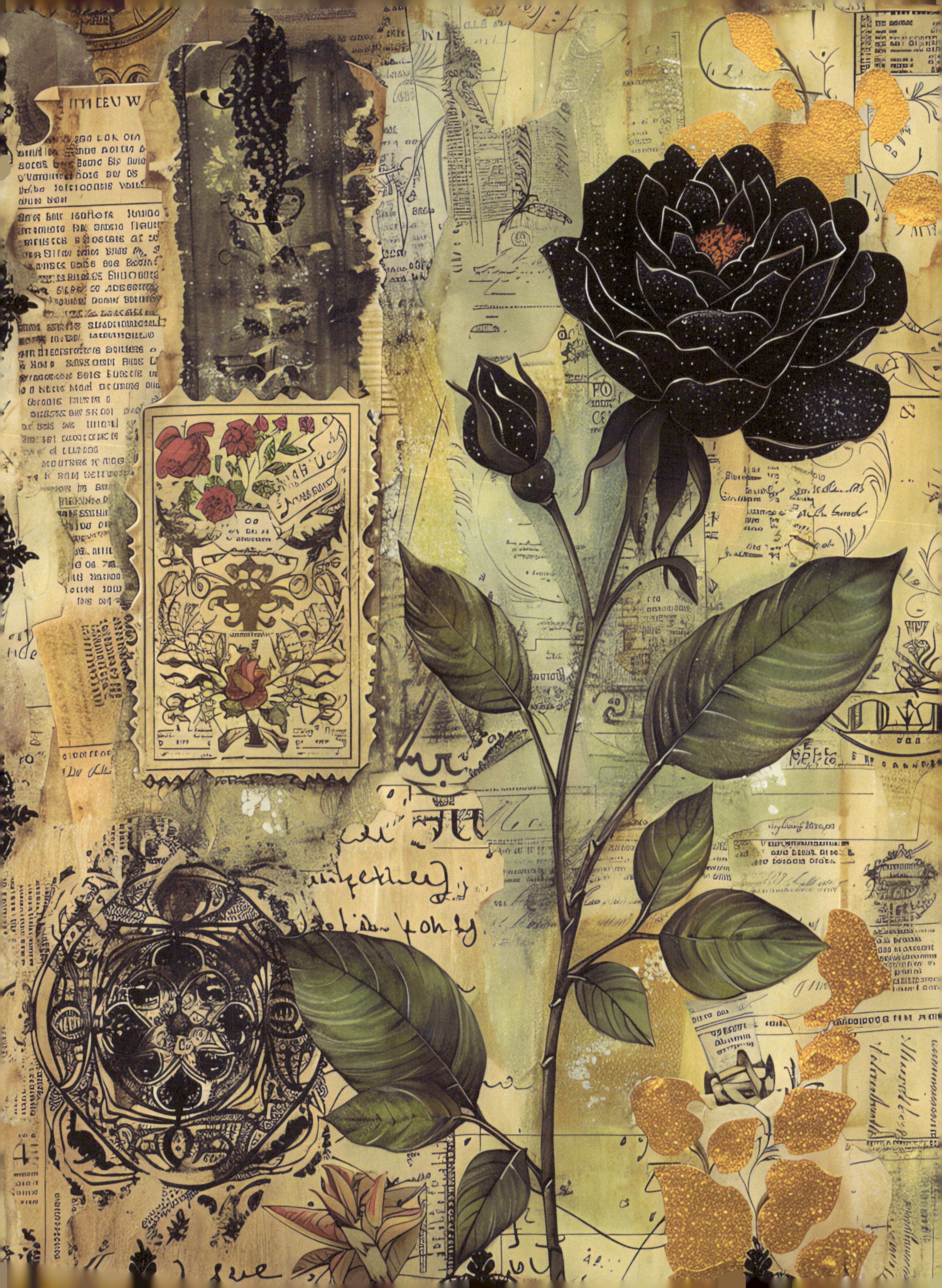

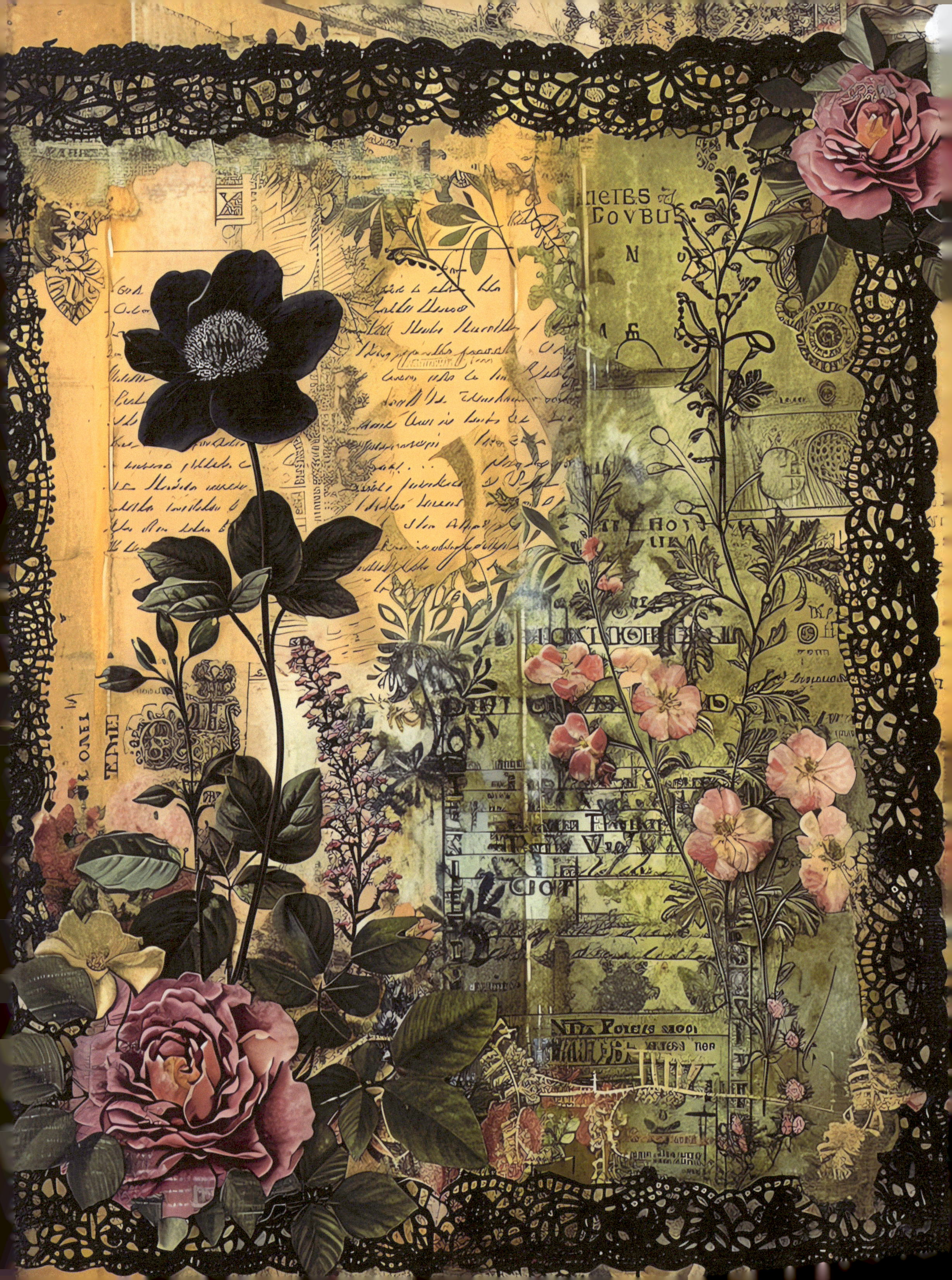

www.ingramcontent.com/pod-product-compliance
Lightning Source LLC
Chambersburg PA
CBHW040433220526
45473CB00004B/1432
* 9 7 9 8 3 0 1 2 3 2 0 8 4 *